早稻田大学经济学讲义

超人气的微观经济学入门书

大学の人気講義でよく分かる
「ミクロ経済学」超入門

［日］田中久稔 —— 著
樊颖 —— 译

机械工业出版社
CHINA MACHINE PRESS

DAIGAKU NO NINKIKOGI DE YOKU WAKARU "MICRO-KEIZAIGAKU" CHO NYUMON BY Hisatoshi Tanaka.
Copyright © 2022 Hisatoshi Tanaka.
Illustration: Hiramatsu Kei, ArtWork: GOBO DESIGN OFFICE.
Original Japanese edition published by SB Creative Corp.
All rights reserved.
Chinese (in Simplified character only)translation copyright © 2025 by China Machine Press Co., Ltd.
Chinese (in simplified character only) translation rights arranged with SB Creative Corp., Tokyo through BARDON CHINESE CREATIVE AGENCY LIMITED, HONG KONG. This edition is authorized for sale in the Chinese mainland(excluding Hong Kong SAR, Macao SAR and Taiwan).

本书中文简体字版由 SB Creative Corp., Tokyo 通过 BARDON CHINESE CREATIVE AGENCY LIMITED, HONG KONG 授权机械工业出版社在中国大陆地区（不包括香港、澳门特别行政区及台湾地区）独家出版发行。未经出版者书面许可，不得以任何方式抄袭、复制或节录本书中的任何部分。

北京市版权局著作权合同登记　图字：01-2024-5462 号。

图书在版编目（CIP）数据

早稻田大学经济学讲义：超人气的微观经济学入门书 /（日）田中久稔著；樊颖译. -- 北京：机械工业出版社，2025. 4. -- ISBN 978-7-111-77821-9

Ⅰ. F016

中国国家版本馆 CIP 数据核字第 2025K2V970 号

机械工业出版社（北京市百万庄大街 22 号　邮政编码 100037）
策划编辑：顾　煦　　　　　　　　责任编辑：顾　煦　周思思
责任校对：卢文迪　张雨霏　景　飞　责任印制：李　昂
北京利丰雅高长城印刷有限公司印刷
2025 年 6 月第 1 版第 1 次印刷
147mm×210mm・8.5 印张・1 插页・113 千字
标准书号：ISBN 978-7-111-77821-9
定价：89.00 元

电话服务　　　　　　　　网络服务
客服电话：010-88361066　　机　工　官　网：www.cmpbook.com
　　　　　010-88379833　　机　工　官　博：weibo.com/cmp1952
　　　　　010-68326294　　金　　书　　网：www.golden-book.com
封底无防伪标均为盗版　　　机工教育服务网：www.cmpedu.com

本书是为初学经济学的读者撰写的一本通俗易懂的教科书，既适合那些离开学术环境已有一段时间的职场人士阅读，也适合正在学术道路上探索的大学生和高中生阅读，所有对经济学感兴趣的读者都是本书的目标读者。

本书的内容源自我在早稻田大学为大学一年级学生讲授的必修课程"微观经济学入门"，该课程专注于对微观经济学理论的深入讲解，自然免不了大量的计算与图表分析。但我深知，单纯依靠这些计算与图表进行教学，不仅容易让学生感到枯燥乏味，以教师的视角看，这样的课堂也缺乏活力。因此，我在授课过程中，积极融入了大量生动的实证案例与虚构事例，旨在让学习过程变得生动有趣。正是这些精心挑选的案例与事例，构成了本书的核心素材，为读者提供了一场既严谨又富有吸引力的经济学探索之旅。

本书并非一本专门为大学期末考试或公务员考试编写的教学参考书。我希望广大读者通过阅读本书，能够了解大学"微观经济学"课程的基本内容，以及微观经济学这门学科要解决什么问题。若各位读者在阅读后能对微观经济学产生浓厚的兴趣，甚至发现其魅力所在，那将是我最大的荣幸与喜悦。

阅读本书不需要任何经济学基础，尽管书中涉及一些简单的计算，但大多只是加减法，还有少量乘法。少部分章节会频繁出现图表，如果对此不感兴趣，可以选择跳过这些部分。即使读者只挑选感兴趣的内容进行阅读，仍然能够掌握微观经济学的基本脉络。

那么，现在就请开始这段引人入胜的微观经济学之旅吧。

田中久稔

目录

前　言

第1章　布丁分给谁

微观经济学研究什么问题	2
为何稀缺资源配置问题如此重要	5
市场化的解决办法	6
爱情能用金钱买到吗	11
"罚款就是价格"	13
商品与服务的市场	17
微观经济学与宏观经济学	17

第2章　智能手机与拉面的经济学

用理论的模型来分析	22
需求曲线与供给曲线	23
需求与供给是潜在的数量	26
超额需求与超额供给	29
令和年间的口罩骚动	33
亚当·斯密的登场	34
《国富论》是一本怎样的书	37

第3章 为什么不能倒卖口罩

亚当·斯密的观点正确吗	44
为什么口罩成为被倒卖的对象	46
绘制口罩需求曲线的方法	49
消费者剩余	55
新冠疫情给市场带来的影响	58
倒卖口罩的现象出现了	61
倒卖口罩是恶行吗	65
帕累托标准	69

第4章 供给曲线告诉我们的道理

具有普遍性的市场	76
同质产品和异质产品	76
用长方形表示企业的生产能力	79
用长方形来描绘供给曲线	82
只需排列长方形就可以吗	85
当售价与成本相等时	88
拥有多家工厂的企业	90
生产者剩余	92
社会剩余	96
为什么要计两个剩余的总和	99

第5章 如何将奶粉送到婴儿身边

令人悲伤的事件	102
形形色色的市场干预政策	103
奶粉的价格管制成效如何	106
无谓损失	110
价格管制效果不佳时，应采取补贴政策	112
1000日元奶粉券的效果	116
为何价格会上涨	117
发放补贴的钱从何而来	118
完全竞争均衡的经济效率	123

第6章 为什么烟草的税率较高

某些商品的生产和消费会给社会带来不良影响	128
外部性与纳税	130
收税的基准是什么	132
征税的效果	135
税负转嫁	140
需求的价格弹性	142
价格弹性与税负转嫁	145
烟草这种商品的特殊性	147

第7章 我们该买那杯咖啡吗

企业为什么会"作恶"	150
垄断与价格垄断	150
电影《黑金》	151
买方垄断	153
咖啡豆市场的模型	154
卖方垄断	158
艺术品拍卖	160
价格垄断并未损害社会剩余	164
关键在于流通量	165
东京博善	167
抵制咖啡的行为有效吗	171

第8章 企业之间的战争

不完全竞争市场	176
令人怀念的"新经济"	177
餐饮业的战争	179
伯特兰德价格竞争模型	180
利润为零也并非一无可取	184
生产能力不同的企业之间的价格竞争	186
牛肉饭的三国风云	188

品牌的巨大影响力	193
店面选址的竞争	194

第9章 为什么企业会说谎

伪造工程结构造价的案件	202
弄虚作假和隐瞒信息屡禁不绝	203
信息的不对称性	205
柠檬市场	207
买卖双方的心理战	209
赢得竞争的是那些本该被淘汰的企业	213
保险市场的逆向选择	215
信息的不对称性与逆向选择	216
道德风险	220
劳动力市场的逆向选择	221
高等教育的信号传递作用	222
为什么大学的学费如此高昂	225
附录9A 为什么学分不出售	226

第10章 我们该如何救助犀牛

濒临灭绝的犀牛	238
众筹	239
搭便车者	241
公共产品	243
如何能成为"一般"产品	245
政府出场	247
大学的授课是私人产品吗	248
保护犀牛的市场化办法	250
市场失灵	252
欢迎来到宏观经济学的世界	255

延伸阅读   259

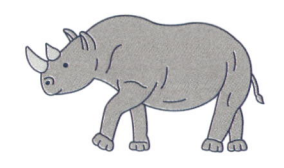

第1章

布丁分给谁

微观经济学研究什么问题

每当提及我的工作——在大学教授经济学时，不乏有人好奇地向我探寻致富的捷径，询问哪只股票能够带来丰厚的回报。对此，我总是坦诚回应："若我真能预知哪只股票稳赚不赔，恐怕早已默默行动，怎会与人分享这个秘密。"此言一出，对方往往报以苦笑，空气中瞬间充满了微妙的尴尬。这样的情景反复上演，次数之多，难以一一细数。

在本书的开篇，我需明确指出：经济学这门学问，其核心并不在于解答诸如"哪只股票能带来丰厚收益？""下一个爆款商品是什么？"或"如何将一家企业培育成行业巨头？"等问题。这些与盈利直接相关的问题也许在商学院的课程中会有所涉及，其具体的教学内容我也不甚了解。经济学，特别是微观经济学，并不聚焦于如何直接赚取利润，而是引导我们深入思考与自己的日常生活息息相关的问题，下面这道例题就是一个生动的例证。

> **例题 1**　五年级 1 班的小贵同学因为感冒请假了，于是这天中午他们班上的营养午餐就剩下了一个布丁。大家都想吃这个布丁，可是布丁分给谁好呢？

上面这个例子就属于经济学要探讨的典型问题。各位读者，是否已经发现这些问题与单纯追求在股市盈利的目标相去甚远？

如何在全班分配这仅有的一个布丁？大家将如何解答这个问题呢？

趁大家在思考分布丁这个问题，我先来介绍几个经济学中重要的术语。对于例题 1 中的"布丁"，我们可以理解为"很多人都想要，但数量有限"，这在经济学中被称为"**稀缺性**"。要特别提醒大家注意，数量稀少并不直接等同于稀缺。数量稀少之外，"需求者众多"也是不可或缺的条件，当有限的数量不足以满足所有需求时才会产生"稀缺性"。比如，人气拉面店的招牌拉面、有众多拥趸的死亡金属乐队的演出门票，这些"好东西"大多具有稀缺性。

众所周知，稀缺资源无法分配给每个有需求的人（见图1-1）。所以只要存在稀缺性，必然会出现"把稀缺资源分配给谁？"这个问题，这就是**稀缺资源的配置问题**。

所以例题1中所要解决的就是分配问题——把具有稀缺性的布丁分给谁，如何做出这一决定。

图1-1 稀缺资源无法分配给所有人

要点1 微观经济学是一门研究稀缺资源配置问题的学问。

为何稀缺资源配置问题如此重要

每当我在大学课堂上讲到微观经济学主要研究稀缺资源配置问题时，底下坐着的大学一年级新生皆面露失望之色。因为大家更关心"该买哪只股票""如何开发爆款商品"等内容，认为稀缺资源的配置是个无足轻重的问题。

可是事实并非如此！自古以来，人类经历的诸多悲伤与痛苦，其根源何在？怀抱饥饿孩童的母亲低低哀叹；求职无果的失业者面露绝望；被贵族掠夺了财产的平民倍感凄楚；只是因为肤色不同而处处受限的人们怒火中烧……这些不幸均源于有形或无形的稀缺资源未能合理分配。食物、工作、土地、自然资源，这些生存必需品如果因数量不足而无法分配给每个人，那么通过暴力，或是以出身或肤色为标准进行分配是否公平？是否有更合理的分配方式，让社会中的每个人都有机会获得这些资源？

从微观经济学的角度来看，世界上的诸多痛苦，究其根源，大多与稀缺资源的分配问题相关。微观经济学也在不断探索更好的分配方法，希望解决这些问题。买股票获利之类的问题确实不在经济学的研究视野内。

市场化的解决办法

让我们回到例题 1 中分布丁的问题，不知道大家是否已经有了答案？我曾就这个问题问过很多人，几乎所有的人都会回答说："用猜拳的方式解决，获胜者得到布丁。"确实，用猜拳的方式来分配午餐时偶尔多出的甜品，这是日本的小学中常见的一幕（见图 1-2）。一定有读者心想："田中老师你必定也是打算用猜拳的方式来分配吧？"不，这种解决方法可太残忍了。

纵观人类历史，稀缺资源总是分配给那个时代的当权者。在各个时空，这些有权有势的人或是贵族，或是僧侣，或是武士。他们只是凭借好运气，恰巧出生在权贵之家，就可以随心所欲地垄断稀缺资源。他们既不依靠努力，也不仰仗才能，只是凭借一份运气罢了。而猜拳在本质上不也是一样吗？只是碰巧出了"石头"或"剪刀"，就以此拿到了布丁。这和出生在贵族之家的幸运的傻小子坐着四驾马车出行也并无本质上的区别。

图1-2　用猜拳来解决稀缺资源配置问题

如果猜拳不行，那该怎么办呢？也有不少人从我这个出题人身份——教授经济学的老师上得到启发，回答说"开设拍卖会，出价最高者得"。这也是个残忍的办法。试想一下，如果真的开了拍卖会，那么碰巧出生在有钱人家里的傻小子会洋洋得意地叫出3000日元的高价，然后不无炫耀地在众人面前大口吃掉那个布丁。从本质上来说，这和猜拳决胜负也并无二致。猜拳也许还要更好些，毕竟大家都有获胜的机会。

那么下面公布我的方案。如果希望分配布丁的时候既不能仅靠运气，也不能让某个人垄断机会，就要这样做：

（1）首先，开设拍卖会，把布丁给出价最高的人。

（2）其次，将拍卖获得的利益分配给在拍卖中竞价失败的学生们（包括小贵同学）。

怎么样，这个方案是不是很完美？

具体来说，五年级1班共有学生30人，如果其中有个有钱人家的傻小子花3000日元拍下那个布丁，那么包含小贵同学（还记得小贵吧？就是那个因病请假的同学）在内的其余 29 人共同来分这 3000 日元。这样一来，竞拍成功拿到布丁的同学自不用说，其余在拍卖中竞价失败的同学亦有回报。全班同学多少都能有所获益，这正是微观经济学解决问题的思路。

这里我再介绍几个相关术语。像拍卖会这种给稀缺资源定价，用金钱进行交易的体系被称为**市场**。微观经济学倾向于用市场解决稀缺资源的配置问题（见图 1-3）。当然，如果仅依靠市场化

图 1-3　依靠市场手段解决稀缺资源配置问题

的解决办法，从结果看，明显只对出生在有钱人家的幸运儿有利。所以政府要干预市场上的资金流向，例如将市场中的部分收益倾斜性地分配给一些经济条件较差的家庭，这被称为**收入的再分配政策**。我们以例题 1 中的场景为例，开设拍卖会，并将拍卖所得分给班上同学，这个工作极有可能由班主任承担，这里我们可以认为班主任起到了政府的作用。不过如果拍卖布丁这一幕真的在现实中的某个小学上演，必定会登上晚间的新闻节目，而那位班主任的社交媒体账号则大概率会遭遇网暴。

总结一下，当因稀缺资源的配置问题产生纠纷时，微观经济学给出的解决之道一般分两步走：

（1）开设市场，进行稀缺资源的交易，通过金钱交易的方式确定稀缺资源的归属。

（2）如有必要，政府进行适度干预，以确保该市场正常运行。

以上就是微观经济学在解决稀缺资源分配问题时的典型思路。

> **要点2** 在微观经济学中,用市场解决稀缺资源的配置问题。

爱情能用金钱买到吗

即便是权威的微观经济学家,也不会认为市场能解决世界上的所有问题。严谨地说,也许有几位学者持有这种观点,但这始终是极少数学者的想法。

市场化的解决办法并不是万能的。如果能用市场化这个办法解决所有的稀缺资源配置问题,恐怕微观经济学这个学科也没有发展的必要了。可以说,正因为市场化并不总是最佳的解决办法,微观经济学才有存在的意义。

比如爱情的问题。

小甲是一名纯情的男大学生,他喜欢上了大学里同一社团的小乙同学。小乙是一名开朗活泼的女大学生,拥有众多的追求者。"得到小乙的青睐"一事具有稀缺性,各位追求者之间的竞争一触即发。小甲认真学习了微观经济学的课程,如果他在课上受到启发,对小乙说"和我约会吧,1小时付给你5000日元",他会成功吗?

恐怕情况不妙,小乙可能会扇小甲一巴掌,而且以后也再不搭理他(见图1-4)。与其这样,小甲还不如老老实实对小乙提出约会的请求,结果应该会好得多。

> **例题2** 小甲同学采用了市场化的解决方法,为什么以失败告终?

图1-4 市场化的方法并不奏效

是因为5000日元太少了吗？不，这绝不是金额的问题。或者说，正因为定了价，情况才变得糟糕。因为例题2中的稀缺性从本质上来说，是不能标价交易的。

"罚款就是价格"

下面我介绍一个饶有趣味的研究结果。以色列的某家幼儿园里曾经进行过一个颇具启发性的实验：这家幼儿园里有些家长放学接孩子时频繁迟到，这给幼儿园的日常管理带来了不小的困扰。为了解决这个问题，该幼儿园实验性地引入了罚款制度，规定接孩子迟到的家长每次需缴纳10谢克尔（约400日元）的罚款[一]。

请大家猜一猜，实施该制度后，那些不守规则的家长是否幡然醒悟，自此准时来接孩子了？事实上，实验结果颠覆了人们的预期。

一 资料来源：Uri Gneezy, Aldo Rustichini "A Fine is a Price" (*The Journal of Legal Studies*, Vol.29, No.1 <2000/1>, pp. 1-17).

（1）即便幼儿园实施了罚款制度，那些"迟到惯犯"仍然不按时接孩子，他们的迟到行为未因新规而得到有效遏制。

（2）以前按时接孩子的家长也出现了迟到的现象，如此一来，迟到的总人数反而增加了。

（3）罚款实验结束后，迟到家长人数仍居高不下，并未回归至实验前的水平。

为何实施了罚款制度后适得其反？我们先来看看属于"迟到惯犯"的那部分家长的心理活动。

在实施罚款制度之前，这些家长是单方面给幼儿园制造麻烦的人。但制度出台后，他们似乎将罚款视为一种"解决方案"，从而更加坦然地在接孩子时迟到，认为**只要出钱就能抵消罪责**。

对于那些原本总是准时接孩子却在罚款制度实施后开始迟到的家长，他们的心态转变引人深思。原先，这些家长可能是出于尊重与体谅，秉持着"不给幼儿园老师添麻烦"的责任感，坚持每日按时接回孩子。罚款制度实施后，这些家长意外发现，通过支付相对低廉的罚款，他们可以用一种经济的方式"购买"延时托管服务（见图1-5）。对于这些以罚款换取服务的顾客而言，原本迟到带来的道义负担已不复存在。

此外，该实验中设定的罚款金额似乎偏低。在家长眼中，罚款金额等同于迟到行为给教师带来的实际负担。所以每次区区几百日元的罚款，必然导致家长低估其行为给教师带来的不便与压力。正因如此，部分家长即便在罚款实验结束后仍继续迟到，

图1-5 迟到罚款事实上变成了延时托管服务的定价

他们不再像以前那样感受到强烈的良心的谴责。这就是实验结束后迟到家长的人数也未见明显减少的根源所在。

从这个实验中我们得到怎样的教训呢？

这个教训就是随意实施罚款制度可能会适得其反。一旦引入罚款制度，人们就可以用缴纳罚款的方式抵消罪责。从这个意义上说，罚款制度是负罪感的市场化消解方式，罚款金额就是其价格，人们通过缴纳罚款来购买犯下错误的权利。

由此，例题2中小甲同学谈不上恋爱的原因也找到了。这个世界上，爱情、道德等事物就其本质而言是无法用金钱购买的，同时又具有稀缺性。可以说，正因为它们用钱买不到才弥足珍贵，如果我们贸然给它们定价，会让事态变得不可收拾。在分配这种稀缺资源时，采用市场化之外的其他方法可能效果更好。

> **要点3** 与爱情、道德等相关的稀缺资源并不适用于市场化的配置方式。

商品与服务的市场

经济学将与爱情、罪责等无关的，更普通、更平凡的，具有稀缺性的事物称为**商品**或**服务**。商品具有稀缺性，是有形的物质，如面包、书本、服装、智能手机等。与此相对，服务虽然也具有稀缺性，却是无形的。马戏表演、理发、教育均属于服务。商品和服务只是名称上分属不同类别，两者都具有"可以用金钱交易的稀缺性"这一共同的本质，本书在论述中不会特别强调两者的区别。

微观经济学与宏观经济学

进行商品、服务交易的市场被称为**商品和服务市场**（见图1-6），微观经济学的基础教材大多在开篇就着重讲授这一概念。经济学的另一大支柱是**宏观经济学**，在宏观经济学的领域中，除了商品和服务市场，还有进行劳动力交易的**劳动力市场**、进行货币交易的**货币市场**、进行国债等各种债券交易的

债券市场，⁽¹⁾这些都是宏观经济学的研究对象。

当然，微观经济学和宏观经济学的区别并不在于各自研究的市场不同，微观和宏观的区别主要在于将经济现象模型化时的理念，以及研究经济现象的目的。

例如，微观经济学考察"面包""布丁"等具体商品的市场，而宏观经济学则将这些具体的商品和服务抽象化，统一定义为**消费品**。在宏观经济学中，商品和服务市场上的交易物被归为消费品这一

图 1-6　商品和服务市场

⑴ 原书为"进行股票和国债交易的**债券市场**"，原书疑有误。——译者注

整体概念。同样，宏观经济学研究的劳动力市场中只有作为整体概念的劳动力，宏观经济学并不关注在各家企业工作的具体的劳动者；债券市场上流通的也是包含国债、公司债在内的被统称为债券的这一抽象资产㊀。

据此可知，宏观经济学采用了一种总览全局的视角，聚焦于市场整体的动态，并不关注市场中流通的商品与服务的个别特征。它侧重于**总量**的汇总与分析，构建出一个涵盖多个市场的宏观经济模型。在此基础上，宏观经济学进一步探讨政府如何有效地介入，通过制定并实施相关政策，来应对和解决国家层面上的整体经济问题（经济增速放缓、失业等问题）。

> **要点 4** 商品和服务均具有稀缺性，商品是有形物质，服务则是无形的。进行商品、服务交易的市场被称为商品和服务市场。

㊀ 原书为"债券市场上流通的也是包含国债、公司债和股票在内的被统称为债券的这一抽象资产"，原书疑有误。——译者注

要点 5 微观经济学专注于细致剖析单个市场，宏观经济学主要研究由众多市场组成的国家整体经济体系。

研究经济有宏观与微观两种视角（见图 1-7），本书着重介绍微观经济学的方法。微观经济学聚焦于单个、具体的市场，所以若想了解何种情况下市场机制能够高效解决问题，何种情况下又会失灵，微观经济学是更为理想的选择。下一章我会介绍需求曲线、供给曲线，以及均衡问题，这些都是微观经济学的基本研究方法。

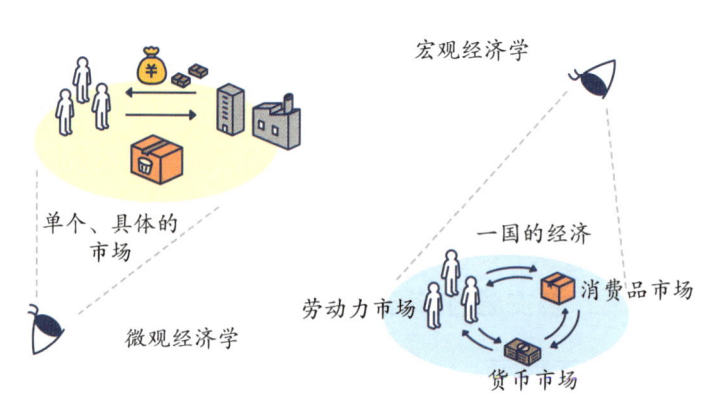

图 1-7　微观经济学与宏观经济学

第2章

智能手机与拉面的经济学

用理论的模型来分析

本书将秉持通过市场化手段解决稀缺资源配置问题的观点。世界上有种种具有稀缺性的东西，也许是一个集体午餐中多出来的布丁，也许是一份正式员工的工作。这些具有稀缺性的资源大家都想要，那么，如何在社会中合理分配这些稀缺资源呢？其中一种解决办法便是通过市场化手段，用金钱进行交易。

对市场的分析主要有两条路径：

第一条路径是以现实生活中具体存在的市场为考察对象，展开分析。例如，聚焦于比萨饼市场，研究这一原本与日本人的日常生活相距甚远的商品，如何通过1964年东京奥运会这一契机走进千家万户，并最终在当今餐饮领域占据一席之地。我们可以细致地对这一段比萨饼的历史追根溯源，展开研究。

这一研究的成果也许颇具可读性，在学术上也有重要的意义。但是这一研究始终以"比萨饼"这一具体商品的市场为研究对象，并非探究"市场"这一社会体系的本质。因此微观经济学很少采用这种历史性的研究方法。

第二条路径则不局限于某个具体商品或服务的特殊性，而是将其抽象化后进行分析。这种方法在经济学中是更为常见的研究方式。具体而言，研究者构建一个具有广泛市场共性的理论"模型"，并通过对这个模型进行研究，获得对现实市场的深刻洞察。这种方法被称为**模型分析**法。构建模型进行分析的方法并非为经济学所独有，物理学、社会学、医学等诸多学科都采用这一方法。

> **要点6** 经济学将现实中的市场模型化，展开分析和研究。

需求曲线与供给曲线

在微观经济学中，最简洁的市场模型是哪一个呢？这个模型仅由两条曲线和一个假设构成，即由

需求曲线、**供给曲线**和**完全竞争市场的假设**构成。首先，我们来看这一模型中的两条曲线。市场是买卖双方进行商品、服务等交易的场所或机制。在市场上买入商品的一方被称为**消费者**，消费者购买商品的强烈意愿被称为**需求**。与此相对，卖出商品的一方是**生产者**，生产者出售商品的意愿被称为**供给**。需求曲线和供给曲线用来表示市场上的需求、供给与商品价格之间的关系。

我们以某手机厂商推出新款机型为例，如果该机型便宜，就会引发大多数人强烈的购买意愿。如果售价过高，则会浇灭人们购买的热情。我们用图的形式来表示购买手机的意愿与手机价格之间的关系，就可以绘出如图 2-1 所示的需求曲线。

那么我们再来设身处地地替手机厂商想想。如果能够抬高手机价格，厂商销售手机的意愿提升，会加大供给。反之，如果政府出手干预价格，导致手机售价下跌，厂商出售手机的意愿就会萎缩。图 2-2 中的供给曲线就体现了生产者的意愿变化。

要特别提醒大家注意的是，图 2-1 中需求曲线、

图 2-2 中供给曲线的坐标轴，采用了"**纵轴为价格，横轴为数量**"这一形式。

有些读者如果对数学图表比较熟悉，可能会觉得这种坐标轴的标注方式不太常见。在经济分析中，价格通常放在纵轴上，因为这样能够更加便捷、直观地呈现结果。大家在阅读本书时，一定能逐渐体会到把价格放在纵轴这一做法的优点，等大家读完这本书，想必也能认同这种标注方法。

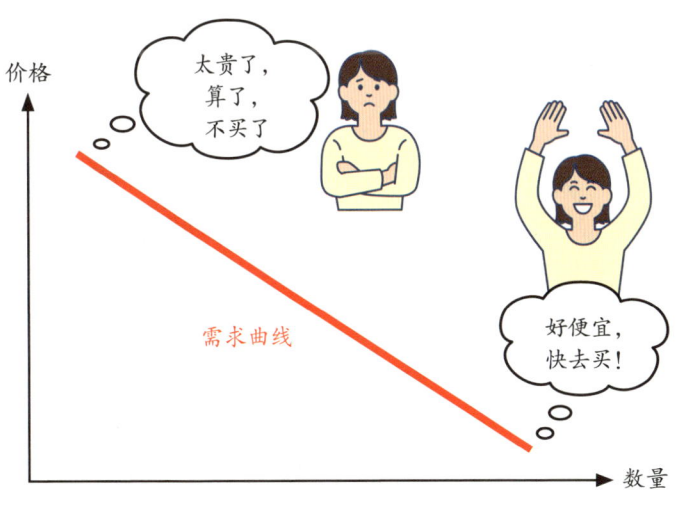

图 2-1 需求曲线

> **要点 7**　经济学的分析中，价格一般置于纵轴。

需求与供给是潜在的数量

不知大家是否注意到，我在前一节介绍需求和供给的概念时，使用了诸如"强烈意愿""购买意愿""出售意愿"等带有较强主观色彩的表述。那么我为什么要用这些表述呢？因为需求量和供给量是一种潜在的数量，未必能在现实生活中完全观测到。

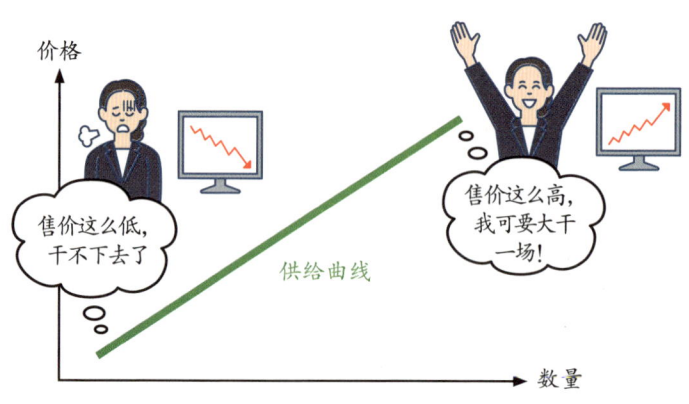

图 2-2　供给曲线

我们还是以手机市场为例，如果新款手机的售价仅为 1 万日元，那么会出现什么情况呢？

如果能用区区 1 万日元购买到高性能的新款手机，想必手机上市当天，专卖店门前就会排起长蛇一般的队伍。而没等到排队的人全都买到手机，店里的手机就销售一空了。排了好几个小时的队，却没能买到手机的人只能垂头丧气地回家去。（见图 2-3。）

图 2-3　对物超所值的新款手机的需求

在这种情况下，我们所说的"对手机的需求"，指的是"在充分供给的情况下的销售数量"。换言之，是如果当天排队的所有人都能按照自己意愿买到手机，那么最终售出的手机数量——这个潜在的数量就是对手机的需求量。也请大家务必记住我们所说的这一潜在数量，否则下文的论述会引发歧义。

同样，供给也指潜在的供给数量。以新开张的拉面馆为例，店老板信心满满地为自家的招牌产品——特制盐鲜拉面定了2000日元的高价。这碗面里加入了来自遥远国度的顶级岩盐，外观鲜美诱人，老板认为2000日元的定价并不高。然而，定价是否合理并不取决于老板的个人看法，而是要看消费者是否认同这一价格。如果消费者认为它不值2000日元，恐怕老板只能抱着被倒进岩盐鲜汤的泔水桶哭泣了。

我们可以看出，"供给"一词指的是店老板计划以每碗2000日元出售的拉面的数量，而不是当天店铺实际售出的数量（见图2-4）。与需求同理，供给指的是预想中的数量。

要点 8 基于某一价格的"需求"与"供给",是指在这一价格条件下的预期或潜在的数量,而非现实中的销售、购买量。

超额需求与超额供给

由此可见,如果定价过低或过高,会产生一系列问题。比如想买的商品买不到,抑或是不得不处理掉滞销商品。换言之,在不合适的定价下,市场无法解决分配稀缺资源的问题。

实际销售数量 ＋ 准备了却没卖出去的拉面数量

图 2-4 高价拉面的供给

如果定价过低，消费者会哄抢商品，商品被销售一空，导致有需求的人买不到，这就是**超额需求**。反之，如果定价过高，也会导致商品滞销积压，这一状况就是**超额供给**。如果某种商品长时间处于超额需求的状况，会无法满足消费者的购买需求，引发不满。超额供给则会导致生产企业利益受损。超额需求和超额供给都会推动生产企业重新定价，调整生产计划。

最终，在新款手机的市场出现超额需求后，手机厂商提高价格，而在特制盐鲜拉面的市场经历了超额供给后，拉面馆也会降低价格。这就是**市场的价格调节**机制。

> **要点9** 市场的价格调节机制，是指在出现超额需求时提高价格，出现超额供给时降低价格。

通过市场对价格的调节，偏高或偏低的商品价格会回归到"恰到好处"的定价。当价格不高不低，处于"恰到好处"的位置时,需求与供给就达成了平衡。在供需平衡时,有购买需求的消费者都能买到商品,生产企业产出的商品也能按照计划顺利售出。当现实市场中需求和供给的流通数量实现平衡时,消费者的购买需求完全得到满足,而生产企业也不必为滞销积压的商品忧心。这一理想状况被称为**完全竞争均衡**。处于完全竞争均衡状态的市场是解决稀缺资源分配问题的良药。

从图 2-5 中可以看出,完全竞争均衡位于需求曲线和供给曲线的交点。此交点上的价格被称为均衡价格,此交点上的数量被称为均衡数量。此外,我们还需要了解**完全竞争市场的假设**,即市场具备调节价格的功能,并最终促成完全竞争均衡。(当然这只能是假设,现实中很难完全实现,关于完全竞争市场的假设后文将详细论述。)需求曲线、供给曲线和完全竞争市场的假设就构成了一个基本的市场模型。

> **要点 10** 需求曲线和供给曲线的交点被称为完全竞争均衡。

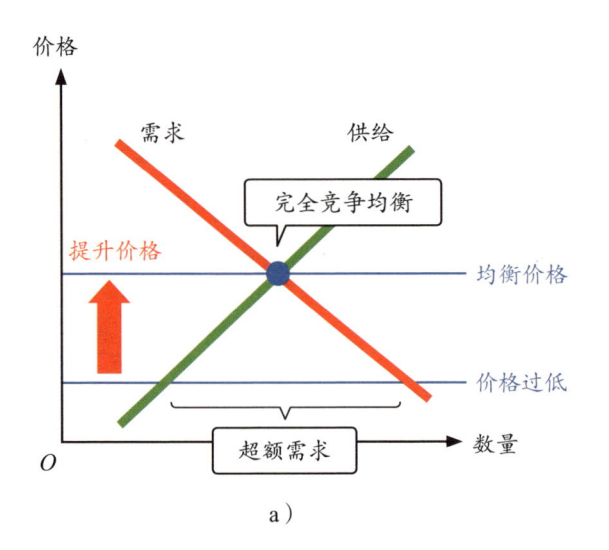

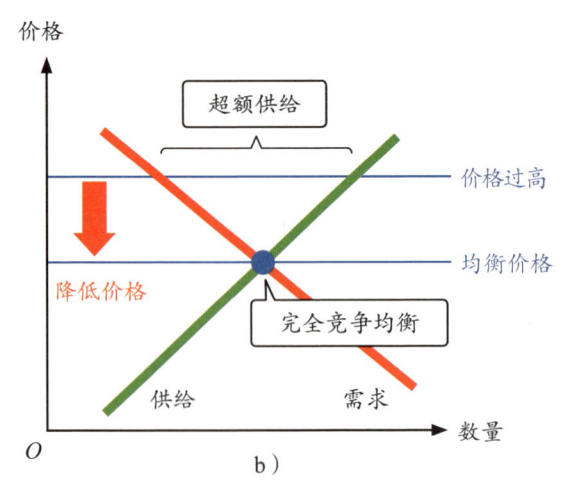

图 2-5　通过调节价格实现完全竞争均衡

令和年间的口罩骚动

我在撰写这部分内容时,正值 2020 年秋天,这真是个多事之秋。2019 年出现了新冠病毒感染的情况,转瞬间病毒在全球肆虐,深刻地改变了人类的生活方式。

新冠疫情改变了很多商品和服务的稀缺性,其中最显著的就是口罩市场的变化。在新冠疫情前,日常佩戴口罩的只有花粉症患者。可是 2020 年春天,疫情突然迅速蔓延,全日本大大小小的药店里都难觅口罩的踪影。那段时间,每天清晨都能看到人们在药店门口排着长队,希望能买到口罩。也就是说在新冠疫情的影响下,出现了对口罩的超额需求。

这会引发怎样的事态呢?如果口罩市场具备调整价格的功能,随着对口罩的超额需求的产生,口罩的市场价格将一路高涨。事实正是如此。2020 年 4 月,正是新冠疫情开始在日本肆虐的时候,当时制造口罩的原材料价格跳涨了数倍,而随着倒卖口罩等行为的推波助澜，口罩的市场价格暴涨了近10倍。

可是就在几个月后，随着生产企业加大对口罩的生产，口罩的供给趋于平稳，对口罩的超额需求得到了缓解。不仅如此，因为口罩的供给急速增加，出现了口罩滞销的情况，口罩从超额需求转变为超额供给。我想大家对当时日本服装店、食品店门口都在低价甩卖口罩的情形还记忆犹新吧。随着超额供给情况的出现，口罩的价格也快速回落，最终跌破了疫情前的价格。

虽然疫情时期是一段足以让我们铭记的特殊时期，但它并未改变市场的本质，市场价格最终还是走向了均衡。

亚当·斯密的登场

市场通过价格调整机制逐渐走向均衡，最终引导需求和供给趋于平衡。关于这一经济运行机制，我想大家之前都略有耳闻，也许还有读者会想到

"看不见的手"这个词。

追溯经济学的历史，第一个从需求、供给，以及完全竞争市场的假设这三点来认识市场的人是英国（准确地说是苏格兰）哲学家亚当·斯密（见图2-6）。1723年，亚当·斯密出生于苏格兰的小镇柯卡尔迪。他从小就喜欢发呆，是个与众不同的孩子。四岁时，他曾被一名流浪汉拐走，幸好被及时救回，并安全回了家。若他没能得救，恐怕经济学的历史就要被改写了。

图2-6 亚当·斯密
（1723—1790）

亚当·斯密14岁时进入格拉斯哥大学学习，后又转入牛津大学，学习各个领域的知识，28岁时受聘于格拉斯哥大学任道德哲学教授。

也许有些读者会感到奇怪，为什么亚当·斯密不是一位经济学教授。别忘了，经济学正是由亚当·斯密开创的，所以在他的时代，根本没有"经济学家"这一职业。

而当时令亚当·斯密声名大振的著作叫作《道德情操论》，从书名就能看出，这不是一本论述经济学的专著。

1764年，亚当·斯密前往法国和瑞士留学，这段历时两年多的游历给他的人生和经济学的历史都带来了巨大的转机。当时的贵族子弟，若要接受教育，并不会进入学校学习。因为教育机构是为中产阶级准备的，上流社会的人士一般会聘请著名学者做家庭教师。对于学者而言，比起在大学任教，做贵族的家庭教师报酬要丰厚得多，所以他们也很乐于接受贵族的邀请。这确实和今天的社会常识相去甚远。

在英国贵族的教育中有名为"壮游"（Grand Tour）的重要一环，即游历欧洲大陆。当时斯密已是一名声名鹊起的哲学家，一位公爵邀请他作为家庭教师陪同自己前往欧洲游学。斯密收到邀请后大喜过望，很快从大学辞去教职，陪同年轻的公爵一同前往法国。

斯密在法国和瑞士期间，与众多著名的思想家

（如伏尔泰、魁奈等）进行了交流。这些思想交流碰撞出的火花给了他启发，促使他开始撰写以个人自由与社会秩序之间的关系为主题的哲学书。10年后该书终于完成，取名为《国民财富的性质和原因的研究》[一]。因为这个正式的书名有些冗长，所以《**国富论**》这个别名更深入人心。

如此，经济学这门学科终于诞生了。

《国富论》是一本怎样的书

当时，在亚当·斯密生活的欧洲，正酝酿着一场伟大的社会变革。大量的自耕农被残暴贪婪的领主掠夺了土地，只好纷纷涌入城市，城市里出现了巨大的贫民窟，这些失去土地的自耕农成为城市治安的巨大威胁。他们为了生存下去，只能廉价出卖自己唯一具有稀缺性的东西——**劳动力**，这就是**劳动者**（工人）的诞生。彼时**资本家**刚刚露头，他们以

[一] 该书的原名为 An Inquiry into the Nature and Causes of the Wealth of Nations。

低得令人震惊的工资大规模购买劳动力。凭借这些廉价劳动力,资本家们开始批量生产各种商品,并通过大量销售商品积累财富,实现了**资本积累**。

这就是经济增长的最初景象,当然人们后来又多次见证了不同时代的经济增长。这幅景象在我们现代人眼里已是稀松平常,但当时的欧洲社会还处于神权名义下的封建王权统治中,因此在当时那些受过良好教育的人看来,这是个社会秩序土崩瓦解的过程。

例如,当时的某个城市开始销售皮革手套。于是野心勃勃的企业家们纷纷生产皮革手套以期大赚一笔。这就造成其他行业劳动力的流失,面包师和裁缝都转行去做手套了,势必给人们的生活带来极大的不便。可是贪婪的企业家和新转行的工人都只关注自己的经济收益,忙着生产手套而无暇他顾。人们不禁哀叹,啊,这个世界还是应该由天神选定的贤明君主来统治。

《国富论》的观点恰恰与这些哀叹相反,斯密认为资本家和劳动者的欲望、野心和利己之心不仅不会摧毁社会秩序，反而能帮助社会有序运转。让我们回到生产皮革手套的例子，如果皮革手套风靡一时，手套生产商势必会增加供给。可是这终将导致超额供给，手套价格也会随之下降，这样一来，手套生产商就无利可图了。（见图2-7。）

与此同时，随着劳动力从面包业、制衣业流出，这些行业面临着劳动力超额需求（即人手不足）的问题。于是这些行业的工资会上涨，吸引劳动力回流。由此可见，虽然企业家的欲望和野心会在短时间内引发社会混乱，但随着市场价格的调整，一切又将恢复正常。广大民众又能安稳如常地吃到面包，买到衣服。

这里特别需要注意的是，随着市场价格的调整，社会秩序重新恢复正常，这并不是因为资本家和工人尊重社会秩序，关心广大民众。事实恰恰相反，不论是面包业还是制衣业，资本家都是为了自己的生存才提高工资的。工人们也不过是被更高的工资所吸引才回到这些行业的。这一过程中所有的决策，从头到尾只是他们出于自利做出的，利己心是推动

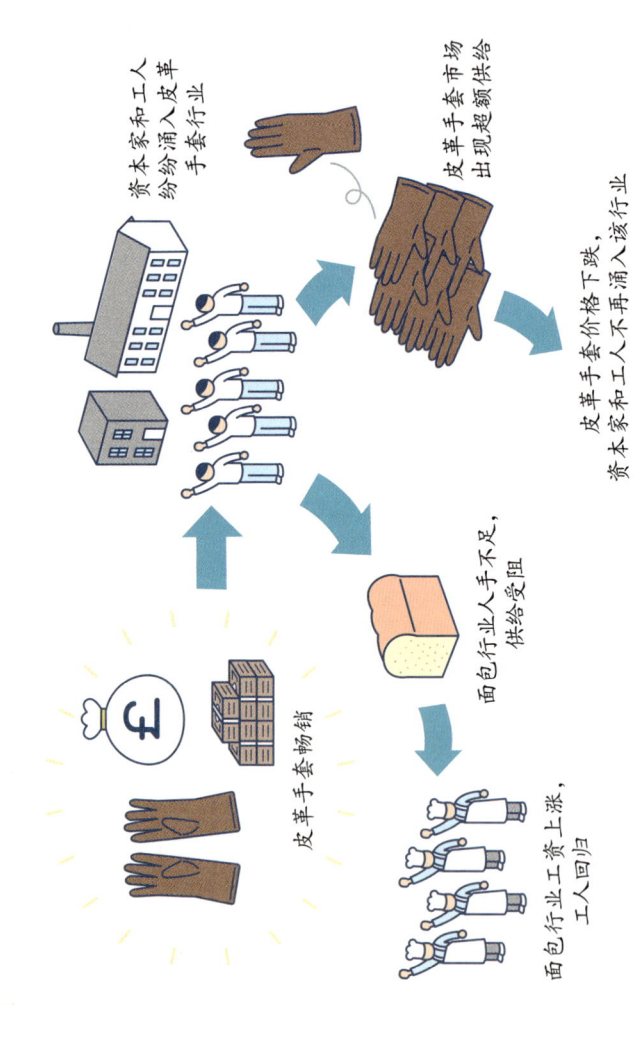

图 2-7 市场的调节功能

市场运转的巨大力量。权力和人们的利他心并不能规范社会的秩序,当每个个体的欲望相互平衡时才会产生秩序。

当然,斯密并非无限度地宣扬人们的利己心,他强调,要维护社会的正常秩序,还需要每个社会成员的道德心。斯密指出,如果每个个体都追求自己的私人利益,市场机制会通过"看不见的手",使资源得到有效配置,从而实现社会福利的最大化。这些犀利的观点直到今天依然熠熠生辉,《国富论》这部经济学经典著作也将一代又一代地传承下去。

1790年7月,67岁的亚当·斯密走完了人生的旅程,据说他在人们的敬仰中度过了安详的晚年生活。就在此前1年,法国民众攻占了巴士底狱,欧洲为王侯贵族的统治时代画上了终止符,迎来了市场的时代。

第3章

为什么不能倒卖口罩

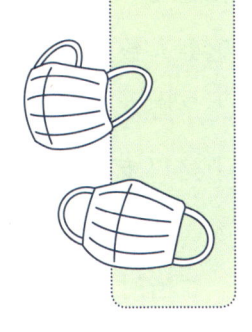

亚当·斯密的观点正确吗

在第 2 章中,我们引入了由需求曲线、供给曲线和完全竞争市场的假设构成的基础的市场模型,随后介绍了亚当·斯密的生平,以及他的"市场是在利己心的驱动下自发运转的机制"这一基本观点。

斯密认为,人的利己心并不会对社会造成危害,个体之间的私利冲突,反而会通过相互制衡最终达到一种平衡状态,这正是社会秩序的基石。这个观点在今天的社会中依然适用吗?

想到这里,我脑中浮现的仍然是令和 2 年,即公元 2020 年日本出现的抢购口罩的风潮。在这一年梅花飘香的季节里,日本的民众终于意识到新冠疫情在全球肆虐,已经威胁到了每个人的生活。日本国内感染人数急剧上升,人们对此产生了深重的危机感,先是搬空了超市里的手纸,然后转头就去抢购口罩。于是口罩市场出现超额需求,导致口罩价格一路上涨。这一事件的经过已在第 2 章中详细论述过。

当时,有人盯上了口罩供不应求的情况。这些眼疾手快的人先是抢先一步去药店门口排队，把口罩全部买走，然后在互联网的各个电商平台上高价倒卖。这种损人利己的做法引发了众怒。可是当时若想买到口罩，只有两个途径：要么黎明时分就去药店门口排队，祈祷着今天药店里口罩能到货；要么从倒卖口罩的商家那里高价购买。所以虽然大家对倒卖口罩的行为群情激奋，但倒卖口罩的人依然赚得盆满钵满。

那么这种倒卖口罩的行为符合亚当·斯密的市场观吗？

新冠疫情催生了"口罩黑市"这个怪胎，民众的恐慌和口罩贩子的利己心推动这个市场加速运转，口罩黑市也算是勉强将大量的口罩分配给了广大民众。可是我们并不能据此就轻易得出结论——口罩黑市解决了稀缺资源的分配问题。

市场由人们的利己心所驱动，市场使个人私利和社会利益达到均衡，以此有效解决稀缺资源的分配问题。对此我虽然能持基本赞同的态度，但是总觉得作为市场原动力的利己心不能无限膨胀，应该受到限制。亚当·斯密对市场的观点也不该用来解释口罩贩子的丑恶行径。

黑市是社会的毒瘤，只会扰乱社会秩序！政府为什么不对倒卖口罩的行为严加打击？应该把口罩贩子们通通抓起来！

哎呀，我险些忘了正在写的是微观经济学的教科书，而非日记，那么对倒卖口罩的声讨就到此为止吧。

站在道德的高地上批判不合自己心意的事物，这并不是微观经济学应该做的事情。微观经济学始终以市场模型为工具，客观地分析经济现象。虽然我很想把倒卖口罩的人送到但丁所说的炼狱中——那个炼狱共有九层，倒数第二层是他们合适的去处，但现在我要把这些愤怒的情绪锁进盒子里，用经济学的观点对倒卖口罩的行为展开理性的分析。

为什么口罩成为被倒卖的对象

首先我们需要思考，为什么口罩成为被倒卖的对象？

表 3-1 是日本英德知集团（INTAGE）调查发布的 2020 年 4 月销量暴涨的商品一览表。表中出现的食用香精、预拌粉等商品属于"居家需求"产品，说明大家希望在足不出户的居家期间能找到一些生活的乐趣。表中出现的医用漱口液、湿巾和体温计的上榜理由毋庸赘述。疫情骤然蔓延，这些商品都出现了供不应求的现象，零售端极端缺货。这些商品中为什么只有口罩成为被大肆倒卖的对象，甚至因此引发了社会问题呢？

表 3-1 新冠疫情初期的畅销商品

商品品类	同比增长
医用漱口液	359.1%
食用香精（香草精等）	251.9%
预拌粉（松饼预拌粉等）	245.5%
湿巾	186.5%
体温计	183.7%
口罩	161.2%

资料来源：根据日本英德知集团的日本全国零售店铺固定样本调查中 2020 年 4 月 13～19 日销售增加比率数据（同比）制作。

我们可以从以下几个方面考虑这一现象：

首先，口罩无疑是疫情期间的必需品。以松饼预拌粉为例，这种产品虽然方便，但并非必需品，市面上有其他类似的产品可以替代，即使换成饭团也不会造成太大影响。然而，如果没有口罩，就意味着将自己的健康暴露在风险之中，口罩因此成为一种必须得到的商品。如果通过药店等正规渠道买不到，很多人只能选择从黑市购买。

其次，口罩的供给量缺乏弹性。对于其他商品来说，一旦市场需求增加，生产企业通常会通过扩大生产来响应需求。如果口罩的市场价格持续上涨，口罩企业也会想方设法提升产量。然而，当时日本的口罩生产大多集中在海外工厂，即便这些企业尽全力采购原材料并扩大生产规模，增产的口罩从生产到运抵日本也需要几个月。

因此，即使生产能力得到了提升，供给的及时性仍然难以满足需求。正是因为有这样一个时间差，倒卖口罩的人才可以放心买空日本口罩的库存，让市场处于没有供给的真空状态。这样一来就可以肆意哄抬价格，牟取暴利。

当时，口罩是人人必不可少的商品，而供给量又一时无法增加。那些倒卖口罩的人就是看准了这一点才下手的。

绘制口罩需求曲线的方法

既然我们弄清了口罩成为被倒卖对象的原因，下面我们来搭建口罩黑市的市场模型，我们先从分析口罩的需求曲线的结构入手。

想要绘制口罩的需求曲线，我们需要做一个假想实验。让我们把时间退回到2019年，彼时人们听到"冠状"（corona）一词，只会想到这可能是啤酒品牌或天文专业词。假设我们是一家口罩生产公司，需要做个市场调查，调查的对象就是街上往来的行人。调查方法很简单，就是询问路过的行人："我们公司的口罩一盒100个，您最高愿意出价多少购买？"假设被问到的路人回答说"最多以一盒3000日元的价格购买"（见图3-1），这里的出价 3000 日元在经济学领域被称为消费者的**最大支付意愿**，即消费者愿意为 1 单位的商品支付的最高价格。

> **要点 11** 消费者愿意为某一商品支付的最高价格称为最大支付意愿。

图 3-1　关于口罩的市场调查

当然，如果想在现实社会中进行上述调查，刚才的做法就显得过于简单，不够严谨。因为调查对象未必给出准确的价格，特别是面对突然发问，对方可能根本给不出合适的价格。此外，也未必能做到完全随机抽取调查对象。实施一项调查，就要解决诸如此类的具体操作问题，对此经济学领域已有很多研究成果。此处我们只是举个例子，无须特别纠结于这些具体的技术性问题。我们只需假设每个被调查的对象都坦诚而准确地给出了自己的报价。

现实社会中每个消费者的最大支付意愿各不相同。有人不愿意在口罩上花钱，有人因为工作性质必须一直戴着口罩，还有些有钱人根本不在乎口罩的价格，多高的价格都能接受。消费者的最大支付意愿反映着每个人的爱好、职业、经济状况，因此这个数值也各不相同。

通过上面的口罩价格调查，得到如图 3-2 所示的结果，将四位消费者的最大支付意愿按照降序排列整理成图 3-3，**这就是口罩的需求曲线**。

大家有没有想过，为什么将不同个体的最大支付意愿排列后就能形成需求曲线？

我们依然以口罩价格的市场调查为例，如图 3-2 所示，富翁爷爷给出的最高价格是 4000 日元，忍者给出的价格是 3000 日元。假设一盒口罩的市场价格是 2500 日元，在这个定价下他们两个人会出钱购买，即销量为 2 盒。当定价降到 1500 日元时，除眼镜小哥外的其余三个人会购买。而当价格降到 500 日元时，四个人全都能接受。如此排列，这不就是一条需求曲线吗？

图 3-2 口罩价格调查中的各位调查对象

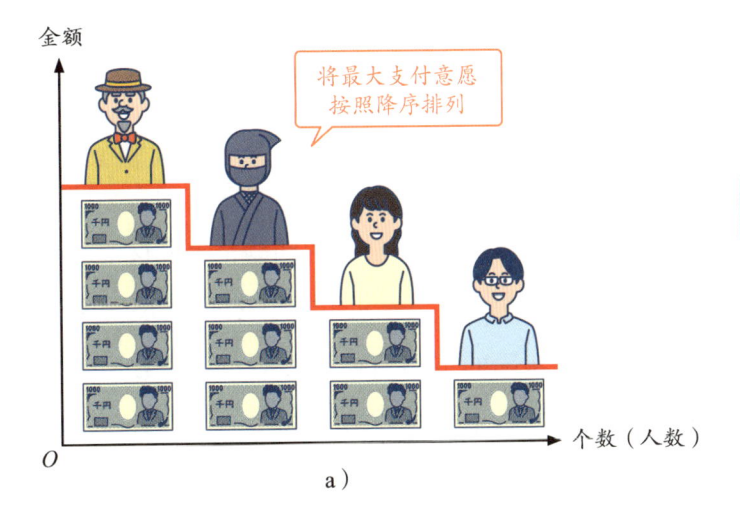

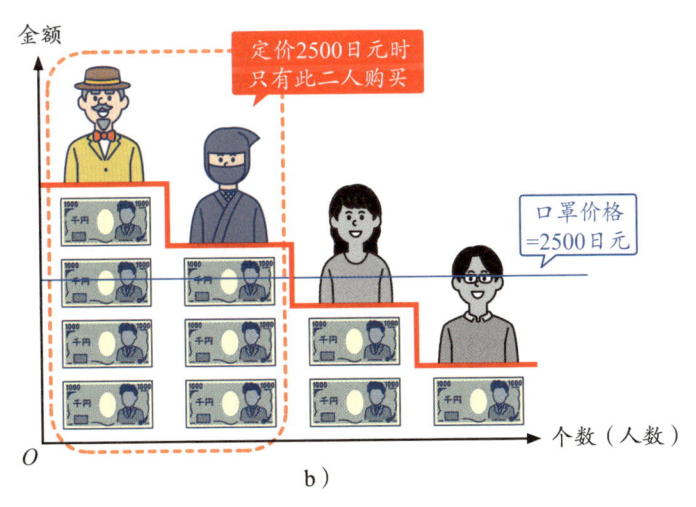

图 3-3 将最大支付意愿排列后形成需求曲线

> **要点 12** 将消费者的最大支付意愿按照降序排列后就形成一条需求曲线。

也许有读者认为图 3-3 看上去棱角分明，不像一条"曲线"。这只是个颗粒度的问题，上面这个调查比较简易，只包含了 4 名受访者，目的是展示实验的思路，在实际的市场调查中，消费者的数量要多得多。如果以日本所有的消费者作为调查对象，至少远观之下，图的棱角就消失了，成为一条平滑的曲线。（如图 3-4 所示。）

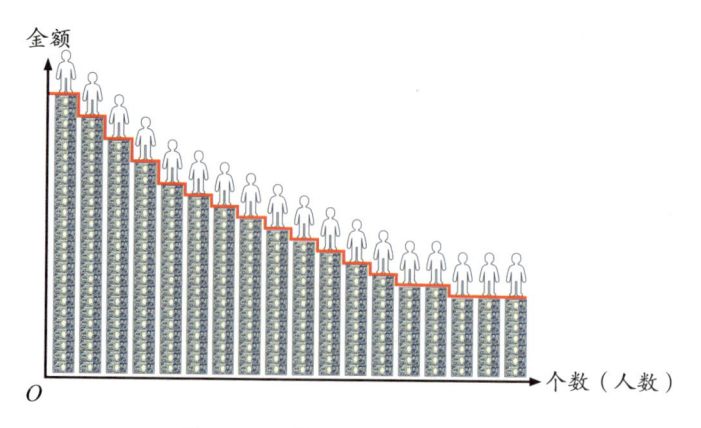

图 3-4 人数越多曲线越趋于平滑

消费者剩余

我们并没有直接列出一条名叫"消费曲线"的线条,而是着眼于消费曲线的内在机制,将消费者的最大支付意愿按照降序排列后形成了一条需求曲线。如此安排自有深意,因为我们可以从消费曲线中看出市场行情的好坏。

如图 3-5 所示,我们假设 1 盒口罩的市场价格为 2000 日元,此时愿意购买口罩的只有富翁爷爷和忍者了,从图中可以看出,他们的最高心理价位分别是 4000 日元和 3000 日元。长发姐姐对一盒口罩的最高心理价位恰好是 2000 日元,所以她也许会犹豫一番,如果确认这个价位购入不会吃亏也许会购买。眼镜小哥最多只愿意出 1000 日元,所以会空着手离开市场。此时,在富翁爷爷看来,自己只花 2000 日元就买到了口罩,真是赚到了。如果将这种"赚到了"的感觉用数字表示,就是购买价格和最大支付意愿之间的差额:

$$4000 - 2000 = 2000(日元)$$

图 3-5 消费者剩余

同理，原本忍者的心理价位在 3000 日元，因为用 2000 日元就买到了口罩，所以若用具体金额来表示他感觉到的额外收益，就是：

$$3000 - 2000 = 1000（日元）$$

对于长发姐姐来说，她原本的心理价位就是 2000 日元，所以她不会感到有额外的收益：

$$2000 - 2000 = 0（日元）$$

综上所述，以上 3 位消费者从口罩市场中获得的额外收益总金额为：

$$2000+1000+0=3000（日元）$$

这一金额就是口罩市场中的**消费者剩余**。我们用"剩余"一词表示消费者在口罩之外得到的额外收益。

消费者剩余的大小可以用来表示"消费者感知到的口罩市场的存在价值",消费者剩余越大,消费者从该市场获取的额外收益就越大。

如前文图3-5所示,消费者剩余的大小由表示价格水平的水平方向的直线和需求曲线合围成的三角形的面积表示。微观经济学的各项分析会频繁用到这个面积,请大家特别注意这个概念。

> **要点13** 消费者剩余是消费者的最大支付意愿和市场价格之间的总计差额,用于衡量消费者在市场交易中获得的经济福利。消费者剩余的大小可以用需求曲线下方和市场价格线上方之间的合围面积来表示。

新冠疫情给市场带来的影响

下面我们来看看 2020 年 4 月,即新冠疫情发生后的日本的口罩市场。因为口罩能够有效预防感染,而不戴口罩外出会给周围的人带来心理压力，所以消费者对于口罩的最大支付意愿上升了。如图3-6所示，疫情前只愿意出1000日元购买口罩的人，在疫情发生后心理价位上升到3000日元。所有的消费者都提升了自己的最大支付意愿，所以需求曲线也随之发生了变化。这里我们做个粗略的假设，即每位消费者的最大支付意愿都上升了2000日元，那么口罩的需求曲线随之上抬2000日元的高度。

作为口罩的生产企业，将如何应对新冠疫情对口罩市场的冲击呢？口罩的需求增加，出现了超额需求，可是口罩的生产企业并未立即提高口罩的售价。

一般来说，生产企业想要提高商品售价是很困难的，因为这会招致消费者的猛烈抨击，所以它们经常采取不易被察觉的隐秘的涨价方式。比如食品行业常见的涨价方式就是维持原有售价，但减少包装内净含量。若是工业产品，厂家则会在外形上做些改动后作为新款产品推出，同时提高价格，其实新产品各项参数与旧款完全相同。所以对于企业而言，涨价需要费一番功夫，并不能随时提高售价。

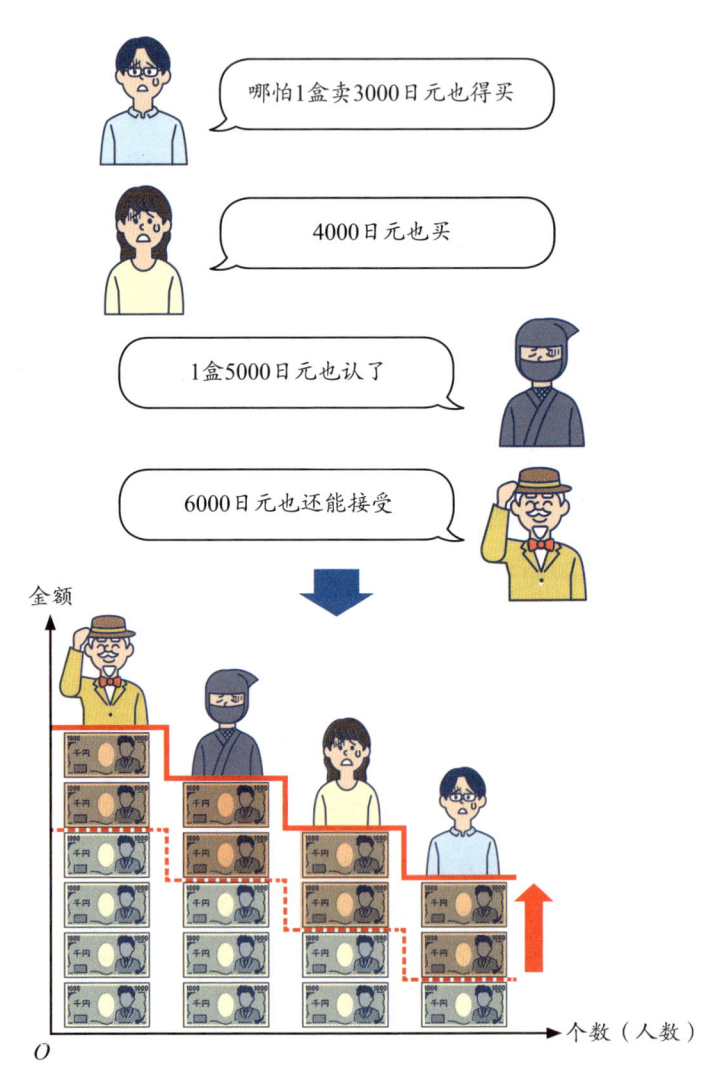

图 3-6 疫情中口罩的需求曲线整体上移

对于口罩生产企业来说，平时涨价已非易事，在疫情这种突发事件中，口罩直接关系到民众的生命安全，更不能轻易涨价。因为一旦涨价，势必引发民众的强烈反感，许多人会认为这是在趁人命危急时谋取暴利。企业的社交媒体账号很可能会遭遇网络暴力，企业形象也会因此遭受严重破坏，信誉一落千丈。

正是出于这些原因，口罩的定价在当时并未发生变化。同时，正如前文提到的，口罩的产量在短期内难以大幅提升。因此，在这两方面因素的共同作用下，疫情初期口罩的供给并未出现显著变化。

倒卖口罩的现象出现了

本书中我们为了便于分析，假设口罩市场上只有图3-6中列举的那4名消费者。此外，将口罩的售价设定为每盒2000日元，将市场供给量设定为4盒。那么此时的消费者剩余是多少呢？

如图3-7所示，经计算，此时的消费者剩余为

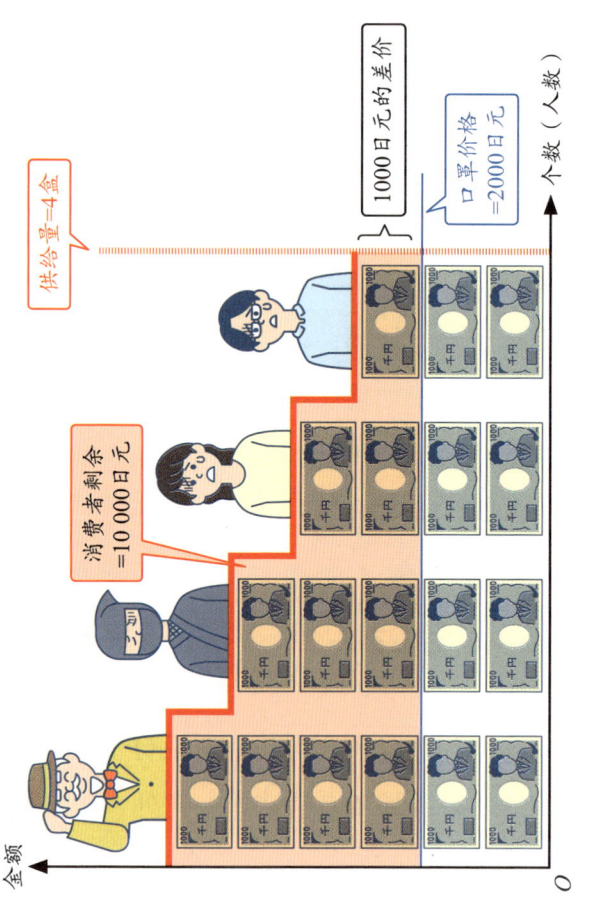

图 3-7 疫情中口罩市场的消费者剩余

10 000日元。口罩市场中的4名消费者各自买到了一盒口罩,心下大定。而且在疫情中,口罩的价格依然稳定在2000日元1盒,比自己预期的价格要低不少,因此又生出一份"赚到了"的愉悦感受。可谓不幸中的万幸了。

此时的口罩售价和消费者的最大支付意愿之间至少有1000日元的差价,而口罩生产企业出于之前我们解释过的两个原因,并未提高口罩的售价。

那么此时会发生什么呢?

想必大家已经猜到了,没错,此时那些可恶的口罩贩子出现了。如图3-8所示,他们用每盒2000日元的价格买光了市场上的所有口罩。若他们将这些口罩以每盒3000日元的价格转卖,每盒口罩能为他们带来1000日元的利润,我们可以计算出倒卖4盒口罩共获利:

$$1000 \times 4 = 4000（日元）$$

同时,这也意味着消费者不得不以每盒3000日元的价格从黑市购买口罩。转卖的价格高出原有定

图 3-8 口罩贩子带来的影响

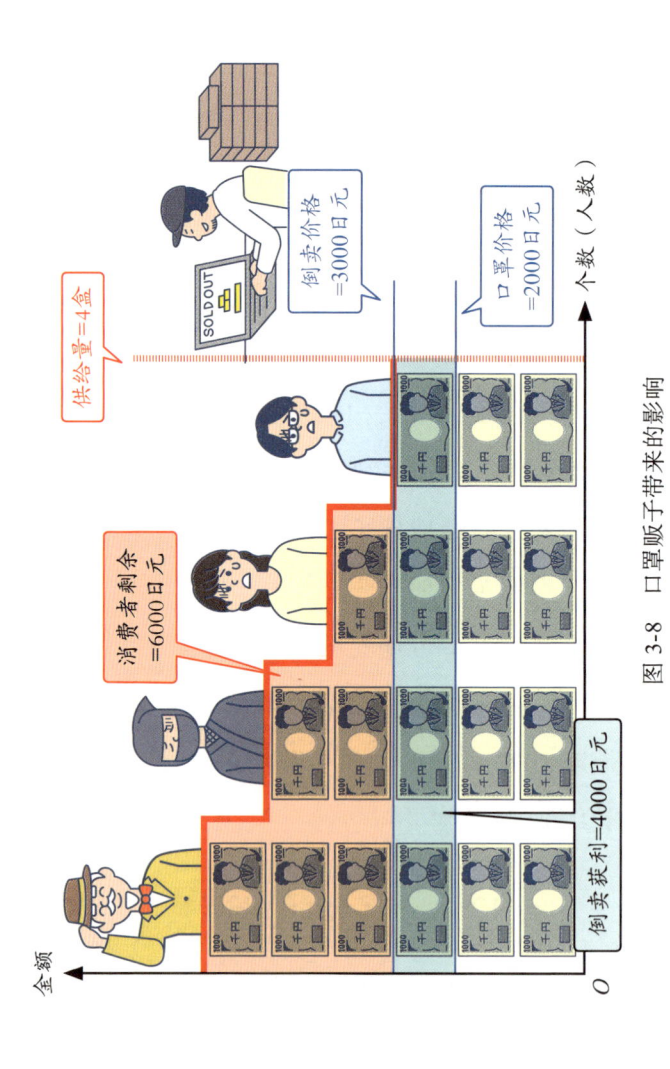

价的部分，就是消费者被掠夺的额外利益。此时消费者剩余的总金额为：

10 000 − 4000 = 6000（日元）

可恨的口罩贩子偷走了消费者剩余。

倒卖口罩是恶行吗

本节我们基于上文的分析结果，探讨倒卖口罩在何种意义上给社会带来危害。

也许有读者会认为，这些口罩贩子造成的危害不是明明白白地摆在眼前嘛，哪里用得着再分析思考？的确，他们只是把整盒的口罩左手进右手出，就赚取了利润，也掠夺了消费者剩余。

可是这里需要明确一个问题，即"给社会带来危害"中的"社会"一词所指的具体范围。

简单来说就是，口罩贩子属于人类社会的一部分，还是不应被包含在人类社会之内？抛开个人的恩怨，这些口罩贩子为人子女，也许还为人父母。他们的行为并未明确触犯法律，因此也不算严格意义上的犯罪者，那么他们就不应被排除在人类社会之外。

虽然很不情愿，但我们也要把这些口罩贩子看作社会的一部分。那么考虑到口罩被转卖的环节，此时市场上的经济福利的总金额是：**消费者剩余加上倒卖获利共计 10 000 日元**。这一数值和未出现转卖行为时的经济福利是相同的。

所有参与社会经济活动的人获得的经济福利的总和被称为**社会剩余**。此时消费者剩余加上倒卖获利的总金额就是社会剩余，因此我们可以得出结论：倒卖口罩并未造成社会剩余的减少。如果以社会剩余的金额大小作为判断的标准，倒卖行为是一种中立的行为，既非善行亦非恶行。虽然我们在感情上很难接受这个结论，但事实确实如此。

> **要点 14** 若以社会剩余作为判断标准，倒卖行为不算恶行。

各位读者能认同上述结论吗？我猜大多数人不

会。我完全理解大家的想法,因为我自己也很难认同这个结论。那么,不妨换个角度来看这个问题。

在日本,有不少专门售卖票券的商店(见图3-9)。这些店一般开在车站附近,顾客在这里能以较低的价格买到演唱会门票或高铁票。这些商店经营的也是倒卖业务,可是大家会觉得这些店应该被取缔吗?应该没人这么想吧?

旧书店也是同样的情况。在旧书店细细端详满书架排列整齐的书脊,品味书香,这是我最爱的休闲方式。可是仔细想来,旧书店也属于倒卖行业。没有人会对旧书店心生怨怼吧?一般来说,旧书的

图3-9 倒卖行为本身不是恶行

售价比新书要低一些，但若是很难买到的绝版书或珍稀版本，售价则比新书要高。

如此看来，我们大力抨击倒卖口罩的现象，并不是因为倒卖行为本身。如果口罩贩子以 1800 日元的价格转售他们以 2000 日元买到的口罩，他们的美名一定会在世间广为传扬。或者他们只提高一点儿售价，比如以 2100 日元的价格转卖，每盒只赚取 100 日元的差价，大家一定会认可这种倒卖的行为。对于那些无暇一早就去药店门口排队的人来说，若只多花区区 100 日元的跑腿费用，就能在网络平台上买到口罩，应该感到十分幸运吧。

那么我们为何对倒卖口罩的行为深恶痛绝呢？原因很简单，就是倒卖后的售价太高了。也许有人会说"别管什么理由，倒卖口罩就是不可饶恕的"。对此我难以苟同。无论是对口罩贩子还是别的什么，如果要在社会范围内进行批评，必须基于正当的理由。

如果我们批判倒卖口罩的原因是"倒卖行为本身"，那么政府就应出台法律，禁止所有的倒卖行为。这就会造成除了口罩贩子，所有售卖票券的商店、旧书店也会被一并取缔。

如果我们痛恨倒卖口罩的原因是"不正当地哄抬价格"，那么针对这一问题出台相应的政策法规即可。㊀例如，针对超出商品原价的二手倒卖征收高额税金，或者由政府收缴不正当的倒卖获利，并对其进行二次分配，这些都是行之有效的办法。

若没有正当的理由就随意批评或禁止某一事物，往往会适得其反，引发更大的混乱。

帕累托标准

"倒卖口罩的行为侵占了消费者剩余，这可不好吧？"

是的，这确实不是一件好事。

㊀ 我国已有相应法律法规对此类行为进行限制，不得无正当理由，超出正常的存储数量或者存储周期，大量囤积市场供应紧张、价格发生异常被动的涉疫物资。——译者注

倒卖口罩的行为虽然没有减少社会剩余的总量，但改变了其内部构成。口罩贩子的利润侵占了原有的消费者剩余。我们并不能仅凭社会剩余的合计金额这一标准对倒卖口罩这一行为做出价值判断。

我们可以采用**帕累托标准**这一着眼于消费者剩余的内部构成的判断标准。一种社会状态改变，在没有使任何人境况变坏的前提下，使得至少一个人的境况变得更好，这就是**帕累托改进**。反之，只要出现了一名因这一变化而境况变坏的"牺牲者"，这就不能被称为帕累托改进。

假设有两个孩子分一块小蛋糕，如果为了让一方多分得一些，就减少了另一方分得的蛋糕，这并不是帕累托改进。如果我们再买一块蛋糕，让两个孩子分两块蛋糕，这一分配方式让两个孩子同时受益，这就是帕累托改进。

倒卖口罩这一行为中只有口罩贩子获利，而我们这些善良的消费者的利益被牺牲了，所以不是帕累托改进。（如表 3-2 所示，倒卖口罩这一行为并不符合帕累托标准。）

表 3-2　评估倒卖口罩行为给社会带来的影响

	消费者剩余	倒卖获利	社会剩余
无倒卖情形	10 000 日元	0 日元	10 000 日元
有倒卖情形	6000 日元	4000 日元	10 000 日元
经济福利的变化	恶化	改善	无变化

> **要点 15**　依据帕累托标准，可以判断倒卖口罩是恶行。

　　我们到底应该采用哪一个标准来评判倒卖口罩的行为呢？是社会剩余，还是帕累托标准？这是一个很难回答的问题。仅凭第一印象，似乎帕累托标准更为合理。因为只要有任何一人在新的分配中境况变坏，我们就可以否定这种分配。这一观点似乎有道德上的优势，更容易被人们接受。而且我们只要采用了帕累托标准，就可以尽情谴责那些口罩贩子了。

下面我们来考虑另一种情况,假设某个社会由很多富裕家庭和一个贫困家庭组成(见图3-10)。富裕家庭拥有巨量财富,不用工作也能凭借利息和房租的收入过上富足的生活,而贫困家庭则过着吃了上顿没下顿的日子。面对这一情况,政府该如何作为呢?

政府可以从每个有钱人那里征收10万日元,再发放给贫困家庭,这是最立竿见影的政策,即收入

图3-10 将财富从富裕阶层转移到贫困阶层的收入再分配并不是帕累托改进

再分配政策。因为这一政策并未导致社会财富总量的变化，所以从社会剩余的角度来看，这个政策的价值取向是中性的。

可是我们如果从帕累托标准的角度衡量这个政策，情况会如何呢？如果实行上述收入再分配政策，会导致"没有做出任何努力的"贫困家庭获得利益，而"可怜的"有钱人境况变坏，成为牺牲品。所以从帕累托标准来看，这个收入再分配政策并不可取。

我想大家都很难接受这个结论吧？因为此时采用社会剩余这一标准比采用帕累托标准更加妥当。也许我们心中会升起一个愿望，想要探索全新的、更合理的判断标准。经济学中有**公共经济学**这一领域，专门研究制定各种政策时不同的判断标准。

判断某一行为的好坏并不容易。以倒卖口罩为例，在一般认知中，这是恶行，但在不同的判断标准下，判定结果并不相同。我们不能为了谴责某些人而任意改变判断标准。

本章详细分析了倒卖口罩这一行为，最后来谈谈结论。倒卖口罩这一行为"恶"在何处？并不是倒卖这一行为本身，而是囤积后哄抬价格这一行为。

在何种观点下倒卖口罩是恶行？在帕累托标准下可以做出这一判断。

存在倒卖行为的市场是否解决了稀缺资源的分配问题？从社会剩余的大小变化这一角度看，我们可以认为倒卖行为并未损害市场的功能。即使市场中存在倒卖行为，市场也能发挥作用。

新冠疫情期间出现的倒卖口罩事件，其实有个大快人心的结果。2020年11月27日，日本国税厅宣布，对网上交易的个人（包括口罩贩子等）的收入进行了调查，发现其中90%以上存在未及时申报个人所得税的情况，需追缴的税额总计达到65亿日元。这则新闻对很多口罩贩子而言一定是晴天霹雳㊀。这真是恶有恶报，大快人心。日本政府将这笔税收再分配给在疫情中深受影响的行业，不论采用何种判断标准，这都是一个好政策。

㊀ 口罩贩子大肆牟利是在2020年，他们需要在2021年2月16日～3月15日进行个人所得税的申报，所以不会有漏网之鱼。

第4章

供给曲线告诉我们的道理

具有普遍性的市场

我在第 3 章中以疫情初期日本出现的倒卖口罩现象为例，以微观经济学的视角进行了分析。可是"令和 2 年（2020 年）的口罩市场"属于特殊时期才出现的罕见事例，并不具有普遍性。

在本章中，我着眼于更具普遍性的市场，如红豆面包市场、住宅玻璃市场，或是服装市场。这些市场上的商品由多家企业生产，供给量大，商品很难被垄断收购或者大量倒卖。在本章中，我们考察这些一般性消费市场的特性。

同质产品和异质产品

首先，我们来看看手表市场。手表已经成为人们生活中常见的物品，市场上有着众多手表品牌和生产企业，几乎随处都可以买到。

然而同为手表，各种手表的差异却极为显著，价格也有高有低。我自己常戴的是一块精工牌的二手手表，是花了 2 万日元购买的，已经戴了十多年，依然走时精准，令我非常满意。

我在大学里曾教过一名从瑞士来的留学生，他出自一个传统的钟表工匠之家。据说他们家的工坊采用纯手工制作，1 年至多只能做出个位数的手表。不过每块手表的售价高达数千万日元，所以只要每年卖出 3 块，工坊里所有的工匠就会宴饮庆贺，因为这一年就无须再辛苦劳作了。

从上面的例子我们可以看到，虽然都是手表，但它们之间却有着显著的差异。然而，由于我们主要探讨的是微观经济学的基础问题，所以我们并不关注每块手表背后的品牌故事和品质差异，而是将所有手表视为同一个抽象的品类——"手表"。

如上所述，我们忽略产品的个性和品牌价值，对某一范畴内的产品全部等同视之，即看作**同质产品**，这被称为产品同质性的前提假设（见图4-1）。有了这个假设，我们就可以简化分析过程，从而更清晰地揭示市场的本质。

要点 16 对不同企业生产的同一类产品全部等同视之，这被称为产品同质性的前提假设。

当然，基于不同的市场研究目的，我们也会区分不同品牌的手表并加以分析。如果我们从经济学研究的角度研究精工和卡西欧两家手表企业之间的竞争，我们自然要对两个品牌的产品区别对待，即将它们视为**异质产品**，这被称为产品异质性的前提假设。若要在此假设下展开市场分析，则是更为高深的问题，需要博弈论等更为专业的知识。这些问题本书并不涉及，所以我们在产品同质性的前提假设下展开分析。

图 4-1 产品同质性的前提假设

用长方形表示企业的生产能力

我们在产品同质性的前提假设之下，认为多家企业生产完全相同的产品。可是即便这些企业生产相同的产品，各家企业的生产能力也各不相同。例如，某家企业能一次生产大量的产品，某家企业虽然产量低，但生产成本与其他企业比相对较低。我们需要想出一个好的办法来表示各家企业的"个性"。

实际上，有许多方法可以用来表示企业的个性。其中，**集合论**这一抽象的数学概念理论深度较深，最为有效。此外，**生产函数**、**成本函数**等**函数概念**也非常实用，并且较为常见。

这些方法基于严谨的数学理论，能够广泛应用于各类调查研究，是理想的分析工具。可无奈这些方法都离不开"微分"等专业的数学知识，对此，大家是否已经开始头疼了？那么本书将企业模型化，用一个"长方形"进行简明扼要的阐述。这是我独创的方法，是在其他那些（严肃的）经济学教材中见不到的。我这个办法简单直观,又能和传统的分析工具一样,用来揭示市场的本质,所以请大家坐端正,认真听讲。

那么我要开始讲课了。

首先,请大家看图 4-2,图中的长方形表示某家企业的生产能力。长方形横向的长边表示单位时间内企业能够生产的产品数量,被称为**产量**。长方形纵向的短边表示企业生产每个产品所需的成本,即单个产品的生产成本。长方形的纵向短边的长度被我们称为**平均成本**,以日元为单位。

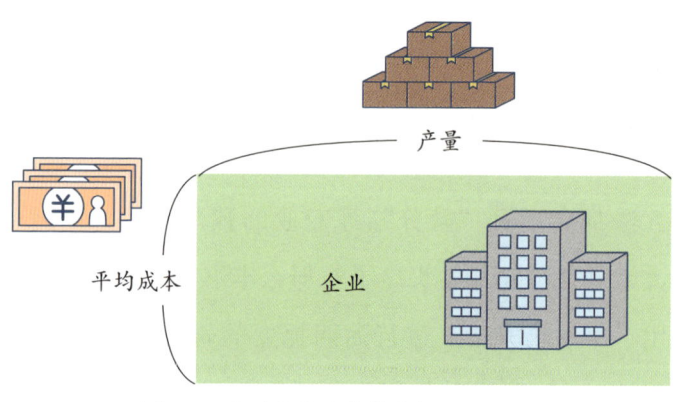

图 4-2 表示企业生产能力的"长方形"

我们以上一节中出现的生产高档手表的瑞士钟表工坊为例，工坊中的几位工匠，每年只能做出寥寥数块手表，说明该工坊的产量是一个很低的值。同时，生产出的手表单价极其高昂。因此，和这家钟表工坊对应的长方形，应该是一个纵向细长的形状。而像精工这种大企业，每年以比较低的价格生产大量手表，因而表示其生产能力的长方形则呈现横向的扁平状。（见图 4-3。）

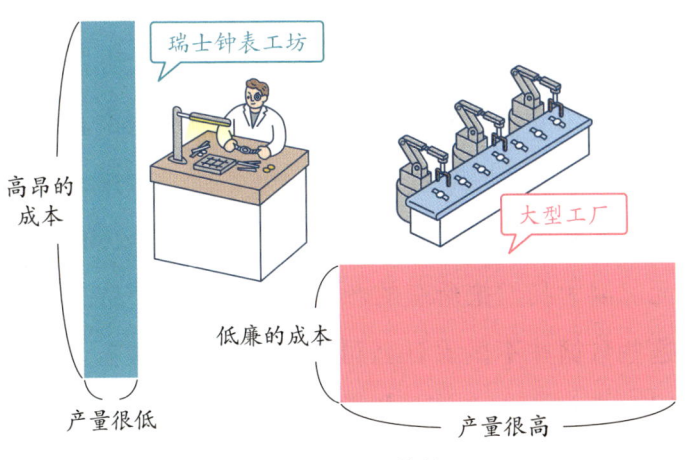

图 4-3　企业的特性

> **要点 17** 企业的生产能力可以用长方形来表示，长方形的横向边表示企业的产量，纵向边表示平均成本。

用长方形来描绘供给曲线

让我们再次回到手表市场，假设该市场中有 A、B、C、D 共 4 家公司。这些公司的生产能力分别用 4 个不同的长方形表示，把这 4 个长方形**按照由高到矮的顺序排列起来，就能描绘出一条产品的供给曲线**。

表 4-1 总结了各家公司的生产能力。从表中的数据可以看出，A 公司一次能生产 1000 块手表，每块手表的生产成本只有 1000 日元。而 D 公司一次能生产 400 块手表，每块手表的生产成本则要 4000 日元。因为我们把所有的产品都视为同质产品，所以这些数据并不显示 D 公司生产的是高档手表，只说明 D 公司比 A 公司的生产能力逊色。究其原因，也许是 D 公司的生产设备落后，生产流程中有可以优

化的余地，或是有员工贪污了公款。

表 4-1　手表企业的生产能力

公司	产量（块）	平均成本（日元/块）
A 公司	1000	1000
B 公司	800	2000
C 公司	600	3000
D 公司	400	4000

如果将表 4-1 中的数据用表示生产能力的长方形进行可视化，就是图 4-4 的所展示的内容。生产能力强的企业的长方形呈横向的扁平状，随着企业生产能力的降低，长方形逐渐沿纵向拉长。如图 4-5 所示，我们将这 4 个长方形按照生产能力由强到弱的顺序排列，勾勒出**手表的供给曲线**。

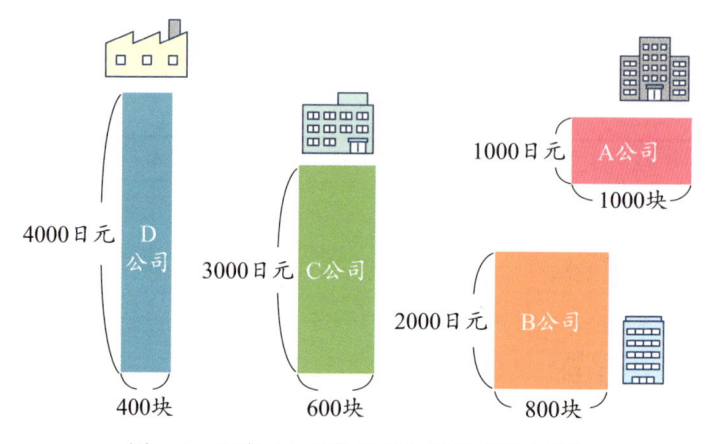

图 4-4 和表 4-1 的数据相对应的"长方形"

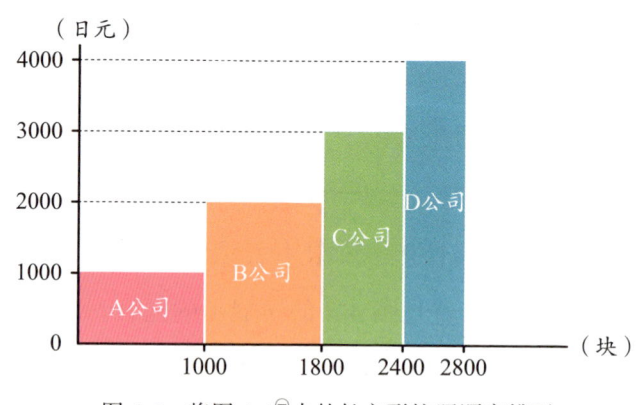

图 4-5 将图 4-4⊖中的长方形按照顺序排列

⊖ 原书为图 4-3,原书疑有误。——译者注

只需排列长方形就可以吗

为什么只是排列代表生产能力的长方形,就能得到一条供给曲线呢?

首先,我们假设手表的市场价格为 3500 日元,在图 4-6 中,这一价格水平用位于 3500 日元处的一条水平线表示。

当手表的市场价格为 3500 日元时,表示 D 公司生产能力的长方形,已经超出了表示价格的水平线。

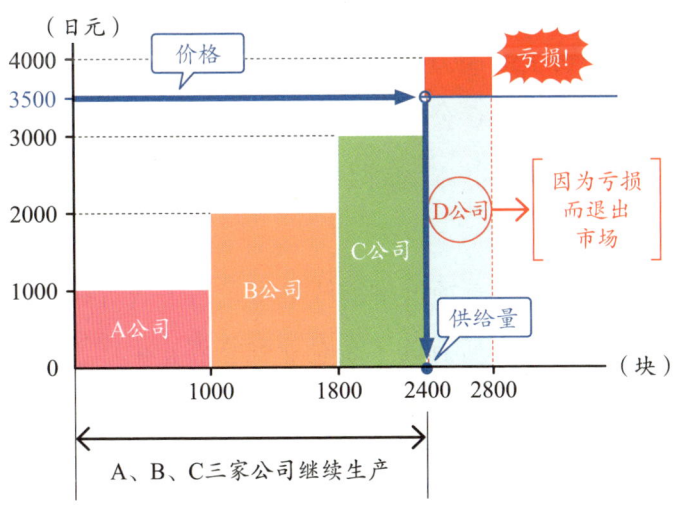

图 4-6 当手表的市场价格为 3500 日元时,供给量为 2400 块

D公司的生产成本为4000日元，此时成本已经高于售价。因此可以判断D公司陷入亏损，将停止生产，退出市场。（D公司即使不愿自发退出市场，也会因为亏损不断累积而导致破产，最终被强行逐出市场。）

A、B、C三家公司的表示生产能力的长方形均低于表示价格的水平线，说明它们还有盈利，能够继续留在市场中。这三家公司进行生产，一共产出2400块手表供给市场。

当手表的市场价格下跌到2500日元时，表示价格的水平线的位置也随之下移（见图4-7），于是表示C公司生产能力的长方形超出了表示价格的水平线。这意味着C公司陷入亏损，将退出市场。这导致市场上只剩下A、B两家公司，共生产出1800块手表供给市场。

若手表的市场价格继续下探，当手表价格跌破1000日元时，所有的手表企业均会停止生产，手表的供给量为0。

综上所述，当代表企业生产能力的长方形超出价格水平线时，该企业将退出市场，而长方形低于价格水平线的企业则可以维持生产活动，继续存活下去。当价格确定时，产品的供给总量也随之确定，这就是供给曲线。（如图 4-8 所示。）

供给曲线的核心内容是"价格下跌时，供给量会随之减少"。这句话看似理所当然，但当我们深入分析时，会发现市场机制其实十分冷酷无情。或许此时有读者已经联想到自己所在公司的情况，细想之下，不禁会感到一阵寒意。

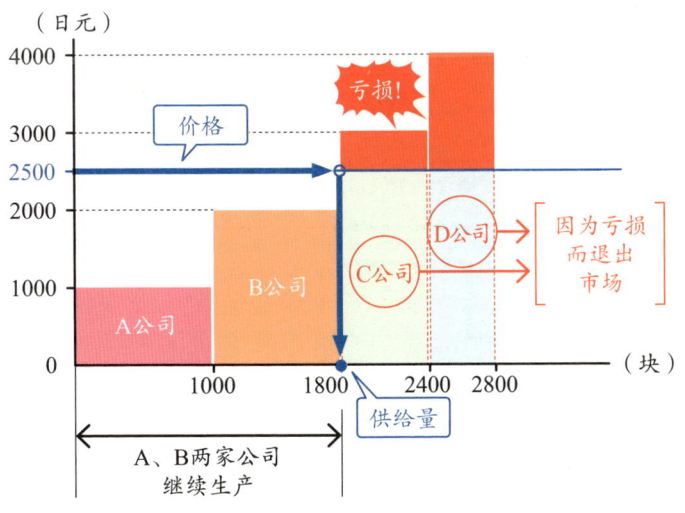

图 4-7　当手表的市场价格为 2500 日元时，供给量为 1800 块

要点 18 将表示企业生产能力的长方形按照平均成本从低到高的顺序排列,就能够形成一条供给曲线。

当售价与成本相等时

我想读者中一定有爱较真儿的人,我也是其中的一员。爱较真儿的人读到这里,一定会生出一个疑问:"当产品的价格和成本完全相同时,又当如

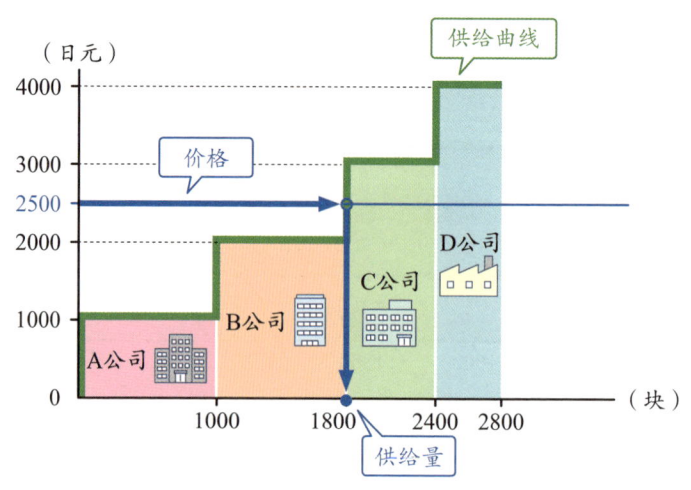

图 4-8 把代表企业生产能力的长方形排列起来即为供给曲线

何?"当然,不想这么较真儿的读者自然可以跳过这一段,继续读后面的内容。如果你想弄清楚价格和成本相同时企业会怎样,请看图4-9。

图4-9中表示市场价格的水平线正好位于2000日元的位置。在这一设定下,C公司和D公司代表生产能力的长方形的顶部均超出了价格水平线,这意味着它们会退出市场。A公司的长方形还在价格水平线之下,会继续进行生产活动赚取利润。可是B公司的平均生产成本正好是2000日元,该如何选择?

对于B公司而言,以2000日元的成本生产产

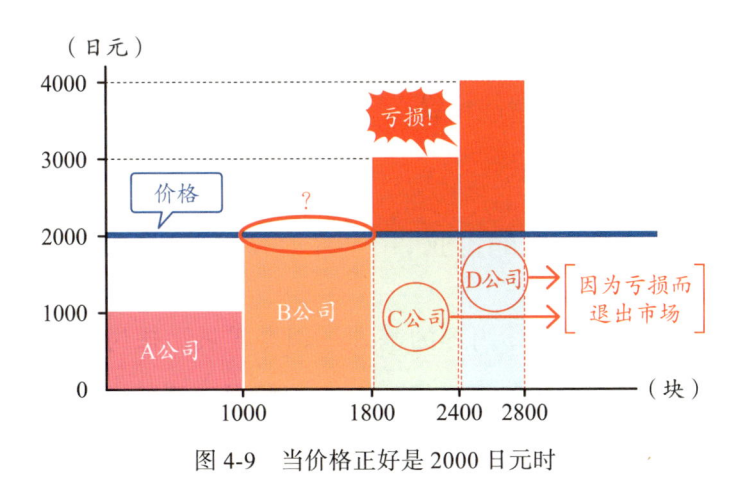

图4-9 当价格正好是2000日元时

品，再以 2000 日元的价格销售，退出市场或留在市场都是可行的，选哪一方效用均相同，这在经济学中被称为**无差异**。留在市场或退出市场对于 B 公司都是无差异的选择。

从经济学的角度来看，此时 B 公司进行生产活动的立场较为被动。若有客户上门订购，B 公司则生产订单数量的产品，如果没有客户上门就停工等待。因为一切生产活动都取决于客户的状况，所以 B 公司只能消极应对。B 公司的产量处于 0 ~ 800 块这一区间，产量大小完全取决于客户的需求。

另外，此时手表市场的供给量最大为 1800 块，最小为 1000 块。供给量在此范围内浮动，具体数量取决于需求曲线的位置。

拥有多家工厂的企业

本节在上述内容的基础上稍做扩展，探讨拥有多家工厂或数条生产线的企业的情况。例如，日产汽车公司在日本国内拥有福岛、栃木、神奈川等 6

家工厂，在海外还有 16 个生产基地。

我们用一组长方形来表示这些拥有数家工厂的企业的生产能力。图 4-10 展示了拥有 a、b、c 共 3 家工厂的某企业的情况，3 家工厂的产量和平均成本各不相同。图中各项参数与图形的对应关系与之前的生产能力图示一致。我们用一条水平线标出市场价格，可以看到只有 c 工厂的长方形顶部超出了水平线。这说明 c 工厂只要进行生产活动就会带来亏损，所以企业会关闭 c 工厂，在 a、b 工厂进行生产。

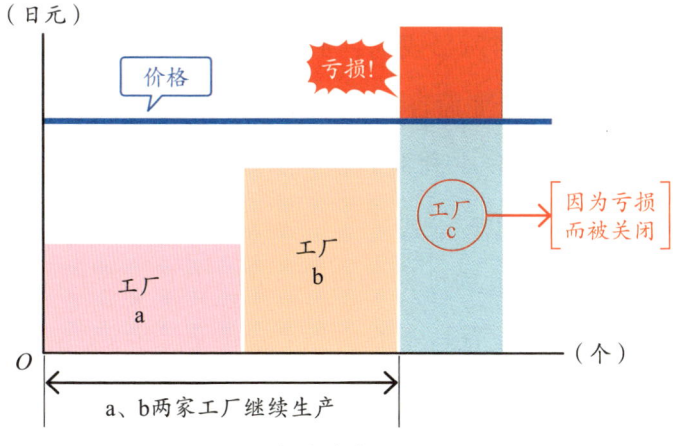

图 4-10 拥有多家工厂的企业

a、b 工厂生产的产品总量就是该企业的供给量。

如果我们对一家企业的内部结构进行细致分解，就能构建出一个更能真实反映经营活动的模型。这个不断深入分解的过程，本质上就是微观经济学中经典的分析工具——**生产函数**和**成本函数**。在本书中，我们遵循用长方形表示企业的生产能力，以直观的方式展示成本函数的基本思路。

生产者剩余

如果我们将供给曲线看作是排列代表企业生产能力的长方形所形成的，那么从供给曲线的形状可以看出"对企业而言的市场价值"，即企业参与市场活动能赚取多少利润。图 4-11 是根据表 4-1 中 A、B、C、D 这 4 家公司的生产数据得出的供给曲线。假设手表的市场价格是每块 2500 日元，图 4-11 在 2500 日元的位置画一条水平的价格线，可以看出 C、D 两家公司已退出了市场，A 公司和 B 公司还在进行着生产活动。

图 4-11 公司的利润

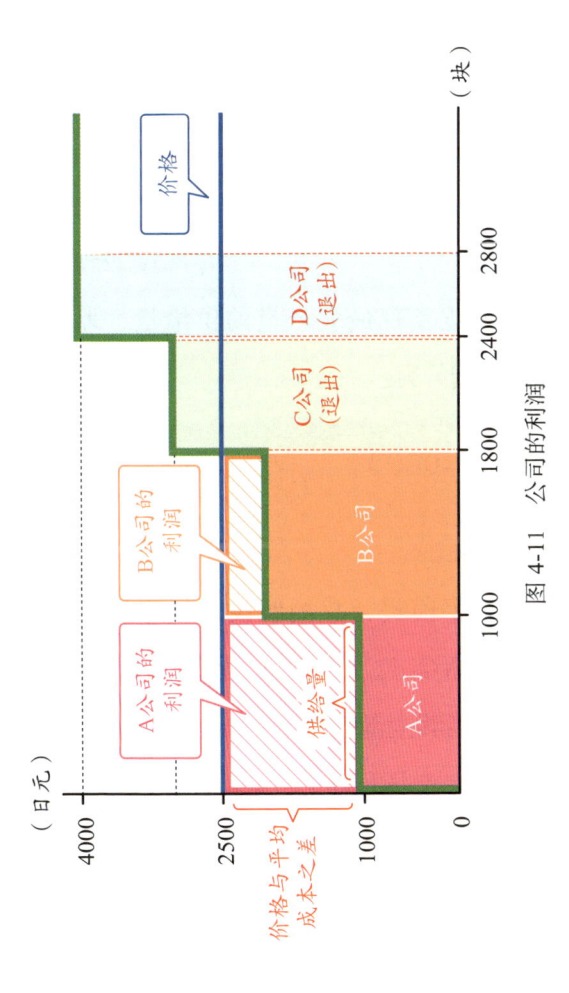

第 4 章 供给曲线告诉我们的道理

下面我们来计算一下此时 A 公司的利润。A 公司每生产 1 个产品所需的平均成本为 1000 日元，若该产品的市场价格为 2500 日元，那么每供应 1 个产品可盈利：

$$2500 - 1000 = 1500（日元）$$

如果企业实现最大产量的供给量，那么盈利的总金额（**利润**）为：

$$(2500 - 1000) \times 1000 = 1\,500\,000（日元）$$

即 150 万日元。

这里有个前提，我们假设供给市场的产品能够全部售出。事实上，当市场达到均衡状态时，企业供给的产品能够全部售出。

同理，在市场价格为 2500 日元时，B 公司能赚到的利润为：

$$(2500 - 2000) \times 800 = 400\,000（日元）$$

即 40 万日元。

请大家再回到图 4-11，我们从图中能直观地看到表示 A、B 两家公司利润的两个长方形。因为企业的利润等于市场价格与平均成本的差再乘以产量，所以这两个长方形的面积直观地显示了两家公司的利润。

经济学上将参与市场的 A、B 两家公司的利润总和称为**生产者剩余**。从图上看，生产者剩余由供给曲线和市场价格线之间的合围面积表示。从企业的角度来看，生产者剩余代表市场的价值。市场上的生产者剩余越大，对企业而言，这个市场就越是有利可图。

此外，和需求曲线相同，如果增加企业的数量，图中的分辨率也会随之提高，供给曲线也更趋向于一条名副其实的平滑的曲线。此时，可以根据市场价格的水平线和供给曲线之间的面积得出生产者剩余的值。（见图 4-12。）

> **要点 19** 在市场上进行生产活动的所有企业的利润总和称为生产者剩余，其大小与市场价格的水平线和供给曲线之间的面积相等。

社会剩余

通过上面的论述，我们了解到，消费者剩余反映了消费者感受到的市场的存在价值，而生产者剩余则是企业在市场中获得的经济福利。将这两者相加，我们就能衡量市场对所有参与者的总体价值，这就是社会剩余。

图4-13是将商品的需求曲线和供给曲线叠加而成的图形。如果该市场满足完全竞争市场的假设，那么需求曲线和供给曲线的相交处达到完全竞争均

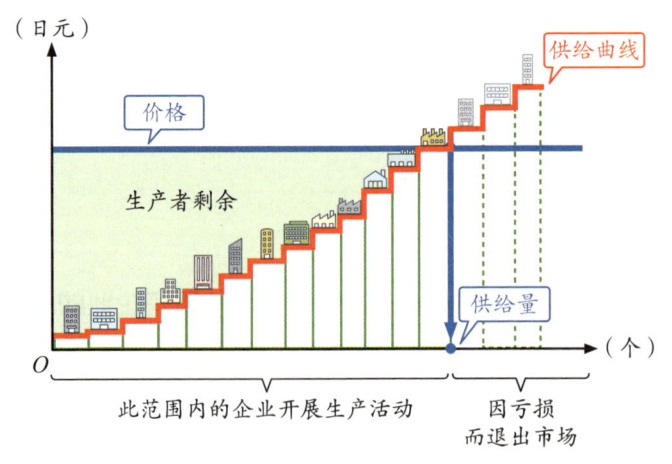

图4-12 由多家企业组成的供给曲线与生产者剩余

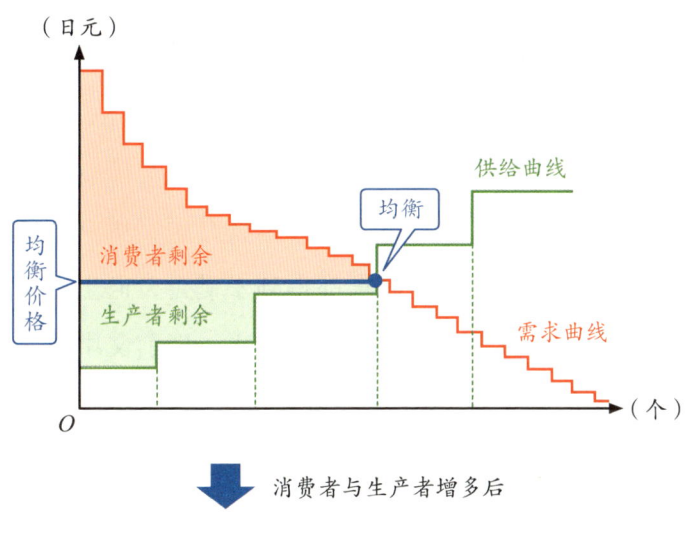

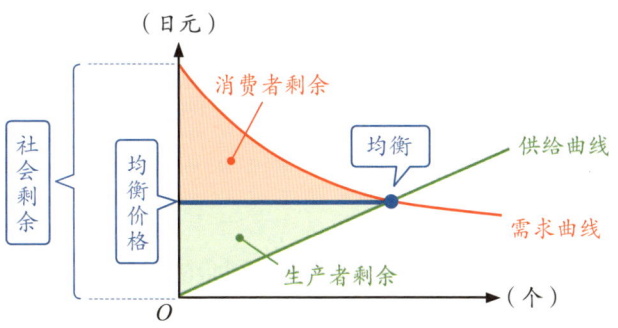

图 4-13　市场均衡与社会剩余

衡，同时此位置确定了商品的市场价格。随着市场价格的确定，消费者剩余和生产者剩余也得以确定。**消费者剩余和生产者剩余的总计就是该市场的社会剩余**。

在这里需要做一个补充说明，市场均衡意味着商品的需求和供给完全一致。也就是说，所有希望购买商品的消费者的需求都得到了满足，而生产企业供应给市场的商品也被全部售出，即前文中提到的"供给市场的产品能够全部售出"这一假定。

社会剩余的大小代表了市场所创造的财富总量，也是市场存在价值的体现。通过金钱价值的大小，我们可以衡量市场的存在在多大程度上提升了社会的富裕程度。社会剩余越大的市场，其对整个社会的贡献和价值也就越大。

> **要点 20** 消费者剩余和生产者剩余的总和被称为社会剩余，从几何的角度看，社会剩余等于需求曲线与供给曲线合围部分的面积。

为什么要计两个剩余的总和

每年,我都会在微观经济学基础课上给大学新生讲解上述这些内容。某年有个学生提问道:"消费者剩余和生产者剩余,它们的受益者是不同的主体,为什么能相加求和?"

这真是个好问题!消费者剩余是需求方的主观感受,生产者剩余是企业的利润总额。将这两者相加有什么意义呢?或者这二者是否本就不该被合计?有这样的疑问十分合理。下面我们来思考为什么要计这二者的总和,这个问题的关键就在于生产者剩余到底归谁所有。

生产者剩余是企业赚取的利润。企业归全体股东所有,所以我们可以认为企业的利润最终归持有该企业股份的消费者所有。此时的消费者在以下三个层面享受到了市场带来的经济福利:

(1)消费了市场中的商品后获得的满足感。

(2)在消费商品之余还得到消费者剩余。

(3)从生产商品的企业处得到出自企业利润的

股东分红。

其中,消费商品而获得的满足感,和支付的商品货款相抵消。而消费者剩余和分红则在支付完成后依然保留在消费者一方。因此,通过合计消费者剩余和生产者剩余可以计算出消费者从市场中获得的经济福利的价值总额。

第 5 章

如何将奶粉送到婴儿身边

令人悲伤的事件

2019年1月，日本S市某医院的急救中心送来了一个2个月大的婴儿。遗憾的是，急诊医生们奋力救治也未能挽救这个幼小的生命。婴儿的死因是营养不良导致的极度衰弱。

警方以有"放弃抚养导致虐待幼儿"的嫌疑逮捕了婴儿的母亲。这是一位单身母亲，除了这名婴儿，她还独力抚养着3个孩子。面对警方的审讯，她供认说："我实在是没钱给孩子买奶粉。"被逮捕时她身无分文，银行账户里也几乎没有存款。

根据日本总务省关于育儿成本的调查，未入托/入园儿童每年平均花费80万日元，入托/入园后花费则升至120万日元以上。这位母亲在孤立无援的情况下抚养4个孩子，确实无力承担每罐800克、售价2000日元左右的奶粉。

奶粉是一种到处都在售卖的普通商品。市场上没有黑心的奶粉贩子，也不会有人囤积奶粉后哄抬价格。在各种市场中，奶粉市场运营规范，堪称楷模。可是，奶粉市场虽然运行良好，却也未能把奶粉送到嗷嗷待哺的 2 个月大的婴儿身边。

这一事实说明"不能完全依靠市场进行商品的分配"。某些情况下我们需要更加积极的政策调控。

因此，本章将探讨如何通过市场干预，确保奶粉能够毫无遗漏地送到需要它的婴儿和母亲手中。其中会重点介绍因政府干预市场而导致的"无谓损失"。现在，让我们为无辜逝去的幼小生命默默祈祷。

形形色色的市场干预政策

政府有哪些干预市场的手段？首先我们来看看其中最具代表性的几种。

对于贫困家庭而言，奶粉价格过高是一个沉重的负担。因此，政府可以通过向奶粉生产企业下达行政命令，强制降价。政府可以要求生产企业降低奶粉价格，将每罐价格调控在贫困家庭能够承受的范围内，比如 500 日元左右。政府直接控制商品价格的干预手段被称为**价格管制**，或价格管控（见图 5-1）。菅义伟内阁（2020～2021 年）曾要求日本的各大手机运营商降低话费，此外，最低工资制度已经实行了若干年，这些都属于价格管制。甚至在几十年前，日本政府曾规定大米的价格，将米价限制在极低的水平，目的是保证全体国民都能吃上大米。

政府不仅干预价格，也干预商品的数量。例如命令企业扩大生产，保证所有家庭都能得到奶粉。这一干预市场的方式被称为**数量管制**。在日本的商品和服务市场上，严禁合成毒品、杀伤性武器、买凶杀人的交易。也可以将这看作一种严格的数量管制——这些商品和服务的交易量被控制为零。而针对金枪鱼、鳗鱼的渔获限额就是比较温和的数量管制。

此外，还有一种数量管制是给流通量设置下限，目的是使流通量处于某一水平线之上。例如，要求企业雇用一定数量以上的残障员工，这就是一种典型的下限管制。

图 5-1 政府对市场的干预

① 价格管制

② 数量管制

第 5 章 如何将奶粉送到婴儿身边

奶粉的价格管制成效如何

本节我们来评估一下政府要求奶粉企业降价，使贫困家庭也能负担奶粉这一市场干预政策的实际效果。

这里我们还是将所有奶粉都设定为同质产品。现实中，市场上有形形色色的奶粉企业，它们生产的奶粉品质、包装等都各不相同。本书假设市场上只存在单一品类的"奶粉"，众多企业生产相同的奶粉并供给市场。

当然各家企业的生产能力还是有差异，我们假设有 A、B、C、D、E 共 5 家公司生产奶粉，各公司的生产能力如表 5-1 所示。我们再简化一下条件，将各公司的产量都定为 1000 罐，但生产单位产品的平均成本各不相同。依据表 5-1 中的数据，我们可以绘制出奶粉的供给曲线。（见图 5-2。）

表 5-1 奶粉生产企业的生产能力

公司	产量	平均成本
A 公司	1000 罐	500 日元/罐

（续）

公司	产量	平均成本
B 公司	1000 罐	1000 日元 / 罐
C 公司	1000 罐	1500 日元 / 罐
D 公司	1000 罐	2000 日元 / 罐
E 公司	1000 罐	2500 日元 / 罐

如果我们再把奶粉的需求曲线添加到图 5-2 中，在供给曲线和需求曲线的交点处市场达到均衡状态，从图中我们可以看出奶粉的均衡价格为 2000 日元，均衡数量为 4000 罐。

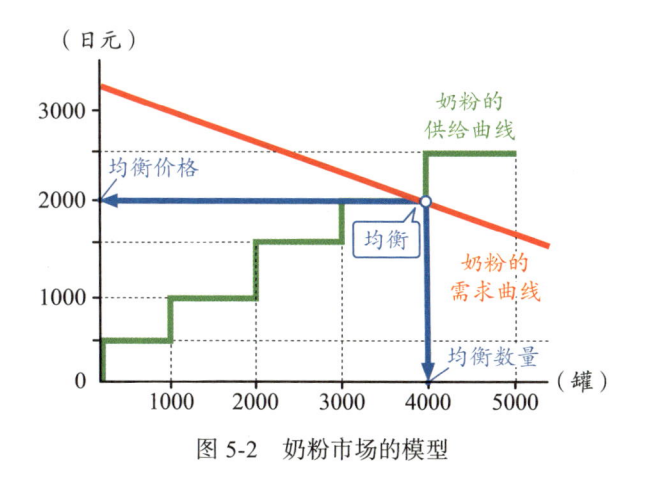

图 5-2 奶粉市场的模型

假设有消费者说每罐奶粉 2000 日元太贵了,无力负担,政府随之采取了干预市场的政策,将奶粉价格下调到 1200 日元。这一政策最终会引发什么事态呢?

如果奶粉的市场价格低至 1200 日元,C、D、E 这 3 家公司都会亏损,只能退出奶粉市场。此时只有 A、B 两家公司还在继续生产,市场上的奶粉供给量也从 4000 罐锐减到 2000 罐(见图 5-3)。其结果是能够获得奶粉的消费者数量减少。原本为了让贫

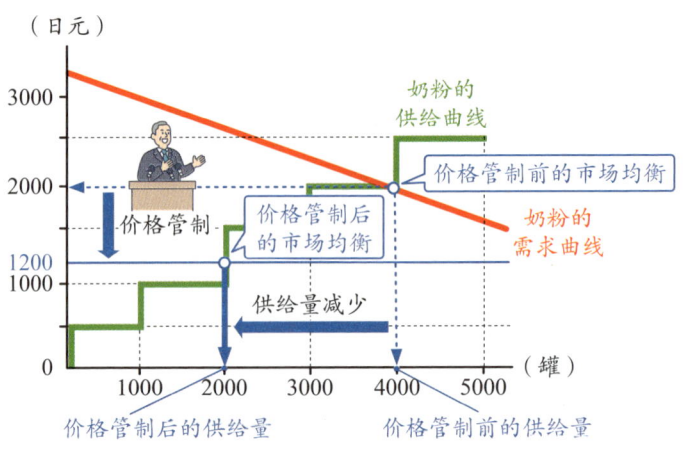

图 5-3 价格管制的效果

困家庭能够负担奶粉而实施的降价政策，反而导致更多家庭无法获得奶粉。

此时，现实中的市场会是怎样一番景象？超市的奶粉货架上确实贴着每罐 1200 日元的价签，但货架空空如也，商家也不确定何时能进到货。虽然奶粉的价格降下来了，但消费者根本买不到奶粉，这使得政府对市场的干预毫无意义。

> **要点 21** 如果实行强行降价的价格管制措施，商品价格下降的同时会引发商品供给不足的问题。

我在课堂上讲解了上述的内容后，有一名学生举手发言说："政府在实行价格管制的同时，强制企业按照降价前的产量进行生产，不就解决问题了？"这可有些蛮不讲理。奶粉公司 C、D、E 是受到限价的影响，出现亏损，才不得已退出市场的，并非恶意扰乱市场。如果不允许这些公司退出市场，强行要求它们继续生产，只会导致奶粉业务的亏损不断加剧，公司承受不了压力，最终会因经营恶化而倒闭。最终的结果就是依赖政府救济的贫困家庭将进一步增加。

无谓损失

由此可见，政府主导的降价措施未必能够真正帮助贫困家庭，接下来我们将通过社会剩余的视角重新审视这一问题。

图 5-4a 展示了实施价格管制前的市场均衡和社会剩余情况。从几何角度来看，需求曲线与供给曲线之间形成的三角形面积代表了社会剩余。图 5-4b 则展示了实施价格管制后的市场均衡和社会剩余。在这种情况下，社会剩余仅为表示 2000 罐奶粉市场流通量的直线左侧的面积。由此可见，实施价格管制后，社会剩余明显减少。

如图 5-4 所示，政府实施了某些政策措施后导致社会剩余低于原有水平，减少的这部分社会剩余叫作**无谓损失**。价格管制政策会引起无谓损失，给社

（日元）

价格管制前的
社会剩余

价格管制前的
市场均衡

a）实施价格管制前的市场

（日元）

价格管制后的
社会剩余

因价格管制而损失的
社会剩余

1200

价格管制后的市场均衡

b）实施价格管制后的市场

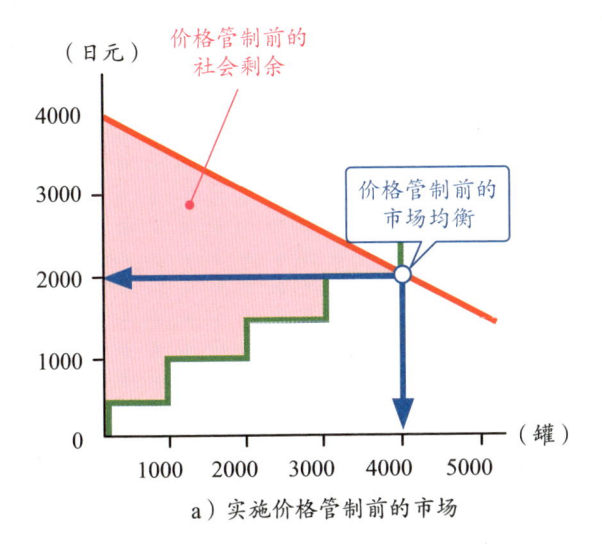

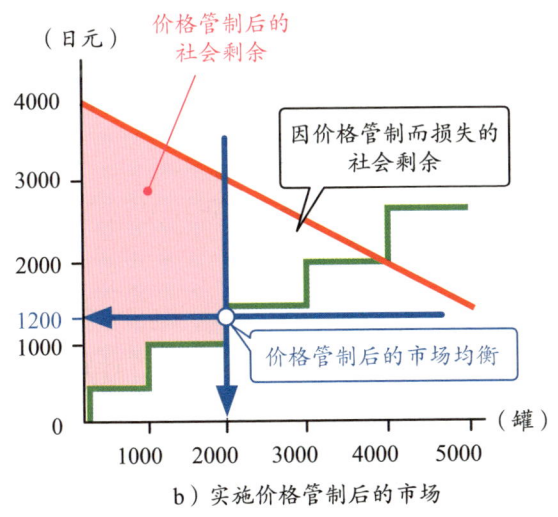

图 5-4 价格管制给社会剩余带来的影响

会全体成员带来不良影响。在上述例子中，无谓损失主要表现为"消费者因奶粉流通量下降而难以购买，感到愤慨"，以及"企业因亏损而不得不退出市场，深感遗憾"。政府实施价格管制政策的初衷是改善贫困家庭的困境，但实际上导致了愤慨与遗憾的产生。

> **要点 22** 当某项政策的实施导致社会剩余减少时，减少的部分被称为该政策引起的无谓损失。采取价格管制这一市场干预措施，必然会导致无谓损失的产生。

价格管制效果不佳时，应采取补贴政策

如果奶粉的降价政策以失败告终，我们还有哪些其他政策可以选择？我们可以考虑**补贴政策**，即给消费者发放购买奶粉的补贴。这也属于干预市场的手段，但与价格管制相比，是更加迂回和间接的政策。除了发放补贴，我们还可以考虑直接发放奶

粉这种配给制度，或者给企业发放生产补贴，以增加奶粉的市场供给量。接下来我们聚焦以消费者为对象的补贴政策，对该政策的效果做评估。

假设政府实行了补贴政策，给所有消费者发放 1000 日元的"奶粉购买补贴"。这里我们为了简化问题，假设给处于育儿阶段的所有家庭发放同等金额的补贴。（我们也可以假设该项政策只给贫困家庭发放补贴，但这样会使接下来的分析过程复杂化，而二者的结论不会有太大出入。）此外，我们假设这 1000 日元的补贴只能用来购买奶粉，并且设定政府的补贴形式为每月发放 1000 日元的奶粉券。

那么消费者在领取奶粉补贴后，消费行为会发生什么变化？

我们来看看奶粉市场上消费者 F 一家的情况（见图 5-5）。F 一家对奶粉的最高心理价位为每罐 1500 日元。用第 3 章中出现过的经济学表述来说，就是**"消费者 F 对奶粉的最大支付意愿为 1500 日元"**。F 一家领到政府发放的 1000 日元的奶粉券后，对奶粉的最大支付意愿上升到：

$$1500+1000 = 2500（日元）$$

因此对于参与奶粉市场的所有消费者来说，发生了如下的变化。

要点 23 如果实施针对消费者的补贴政策，消费者的最大支付意愿会随之上升，增加的部分与补贴的金额相等。

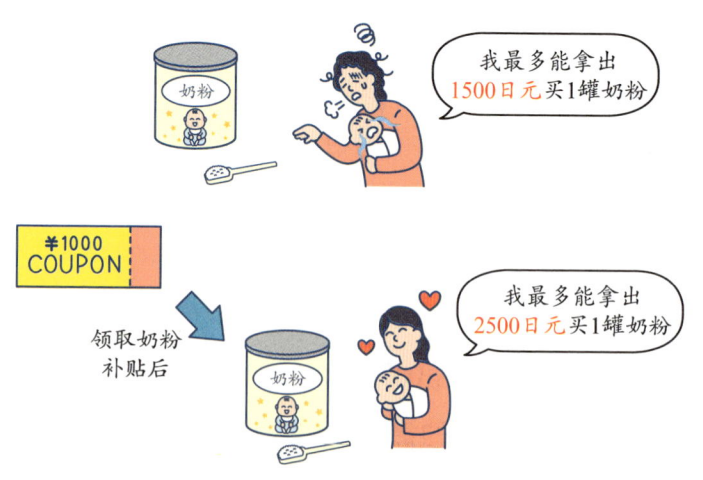

图 5-5 奶粉补贴与最大支付意愿

我们将消费者的最大支付意愿按照金额排列后，就得出一条需求曲线。如果消费者在领取补贴后，最大支付意愿统一上涨了1000日元，那么此时奶粉的需求曲线也正好向上方平移，即整体上浮了1000日元（见图5-6）。

要点24 给消费者发放补贴，需求曲线也会随之向上平移，上升幅度与补贴的金额相等。

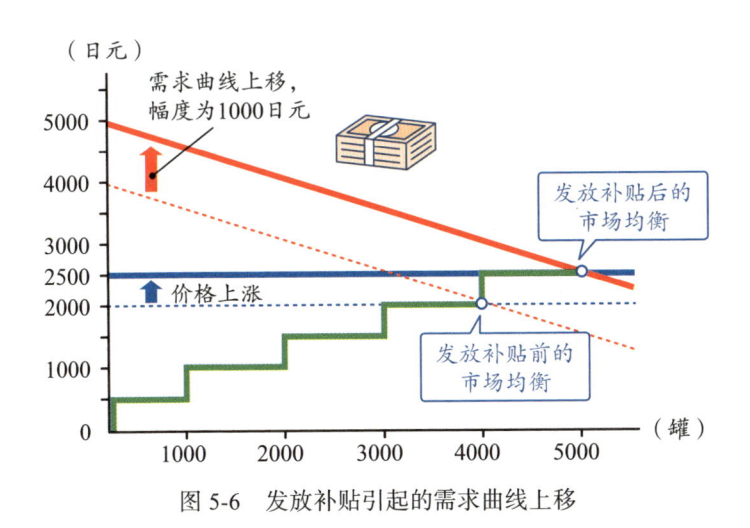

图 5-6 发放补贴引起的需求曲线上移

1000日元奶粉券的效果

需求曲线向上平移,会给市场带来怎样的影响?接下来我们结合图 5-6 进行详细说明。

随着奶粉的需求曲线上移 1000 日元,奶粉的均衡价格也从 2000 日元上涨到 2500 日元,奶粉的流通量从 4000 罐增加到 5000 罐。流通量增加,说明以前买不起奶粉的消费者也能买奶粉了。以图 5-5 中的 F 一家为例,他们在领取补贴前买不起奶粉,领取补贴后也能负担奶粉的费用了。这笔补贴帮助 F 家中的婴儿喝上了奶粉。由此可见,补贴政策实现了价格管制未能达成的目标。

> **要点 25** 给消费者发放补贴,会导致均衡价格上涨,均衡数量增加。

因此我们可以得出结论:若想帮助贫困家庭的孩子喝上奶粉,比起降低奶粉价格,发放购买补贴是更加行之有效的做法。

为何价格会上涨

这里要特别关注的是，发放补贴会导致奶粉价格上涨。现实生活中一旦发生这种情况，必定会引发不小的混乱，人们会愤慨不已："明明是帮助消费者的奶粉补贴，无良企业却趁机涨价，想把补贴装到自己的腰包里！""政府和大企业家互相勾结，借着奶粉大发不义之财！"我完全理解大家的心情，政府为了帮助贫困家庭发放了奶粉补贴，生产企业却紧随其后开始涨价，这确实让人恼火。

可是补贴政策导致奶粉价格上涨，绝非因为企业恶意涨价。图5-6中的奶粉价格上涨这一现象，其实经历了以下几个发展阶段：

（1）政府给消费者发放补贴，导致消费者相比发放补贴前有更高的意愿购买奶粉。于是奶粉销量大增，库存告急。

（2）因为奶粉供不应求，奶粉价格开始上涨（市场的价格调整功能）。

（3）奶粉价格上涨，导致之前未参与奶粉市场的企业也开始参与进来，奶粉的供给逐渐增加。

（4）供不应求的情况逐渐缓解，市场的价格调整结束，市场到达新的均衡状态并稳定下来。

发放的补贴就像撒下的"诱饵"，即通过抬升市场价格，吸引新的企业进入奶粉市场，实现增加奶粉产量的目的。在此过程中出现商品价格上涨的情况，绝非源于企业的恶意涨价。

发放补贴的钱从何而来

通过补贴政策，终于实现了把奶粉送到贫困家庭这一目标，实在是可喜可贺。接下来我们站在社会剩余的角度分析一下该政策的效果。

图5-7展示了发放补贴前后的市场状况。我们比较一下两张图，能看出发放补贴后消费者剩余和生产者剩余均有增加。虽然发放补贴带来了奶粉价格有所上涨这一副作用，但各个家庭支付奶粉费用的实际负担比以前轻了。以前买不起奶粉的家庭，在

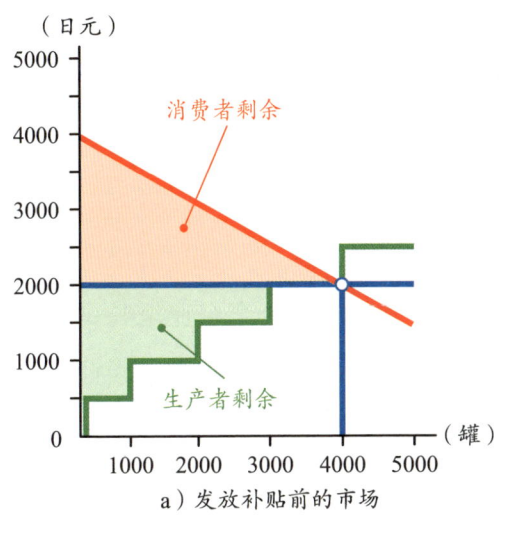

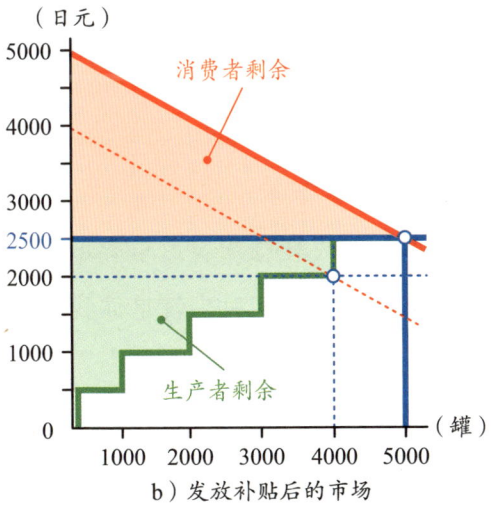

图 5-7　补贴政策引发的社会剩余的变化

领取补贴后也能买奶粉了。对于消费者来说，补贴政策似乎是完美无缺的。

补贴政策对生产方而言是好是坏？虽然生产奶粉的企业没有领到任何补贴，但因为政府给消费者发放了补贴，企业便能以更高的价格向市场大量供应奶粉。市场中原有的生产企业增长了利润，新加入奶粉市场的企业也分了一杯羹。因此，从生产方来看，这一政策也十分令人满意。

综上所述，从社会剩余分析的角度来看，补贴政策取得了巨大成功。

可是我们的这些讨论，似乎遗漏了一个很重要的问题，就是用来发放补贴的这笔钱从何而来？

补贴是由政府发放的，政府的财政来源是税收。因此，奶粉的补贴政策意味着迟早要增加税收。税收负担会加在谁身上呢？对，就是你我这些消费者身上。

所以若要用社会剩余来评测补贴的效果，就不能仅看消费者剩余和生产者剩余的增减情况，还要把税收负担考虑在内，重新定义后的社会剩余可表示为：

社会剩余＝消费者剩余＋生产者剩余－
实施该政策所需的成本

在上面这个例子里，实施补贴政策所需的总金额为：

1000 日元 / 罐（每罐奶粉的补贴）× 5000 罐（奶粉的总消费量）＝ 500 万日元

在图 5-8 中，用平行四边形的面积来表示这 500 万日元。

从图中可以看出，这个平行四边形的面积大于因发放补贴带来的消费者剩余和生产者剩余的增加合计。因此，我们的结论是，"相比于发放补贴带来的消费者剩余和生产者剩余的增加，加税所带来的负面影响更为显著"。这真是个令人悲伤的结论。我们也可以换个说法，"补贴政策的效果小于该政策的总体支出"。

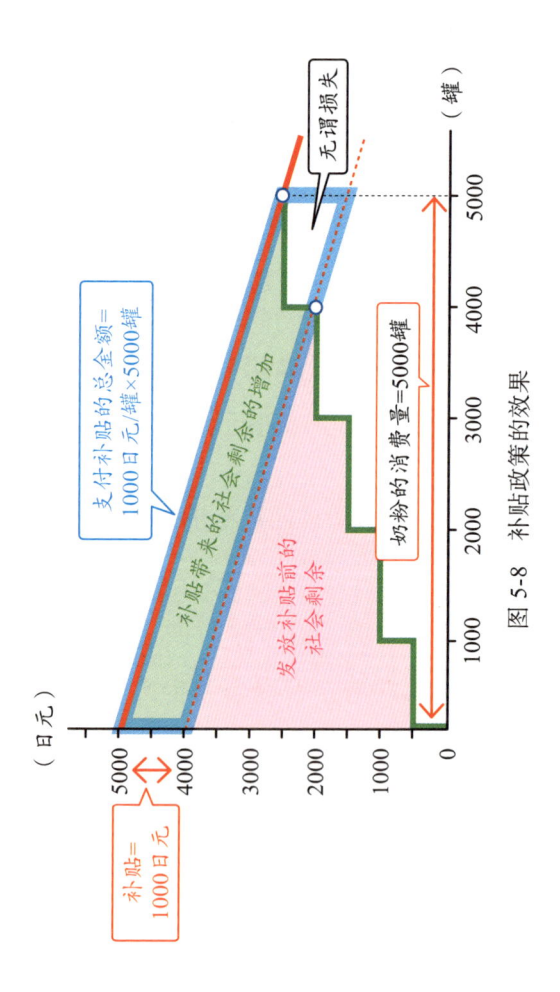

图 5-8 补贴政策的效果

完全竞争均衡的经济效率

我们来总结一下目前已得出的结论：

政府实施价格管制政策，强制奶粉降价，会导致企业退出奶粉市场，奶粉产量降低，社会剩余减少。

政府实施补贴政策，能促进消费者剩余和生产者剩余增长，但同时带来的税收负担大于社会剩余的增长量，因此从整体来看，社会剩余反而减少了。

那么有没有能够帮助社会剩余增加的政策呢？事实上，经济学普遍认为这样的政策"不存在"。从经济学的角度说，政府完全不对市场进行干预，当市场达到完全竞争均衡，即需求曲线与供给曲线相交，以交点位置决定市场价格和供给数量时，社会剩余达到最大。

即便政府在进行市场干预时考虑得十分周全，精心制定了周密的政策，但只要税收负担被纳入考虑，该政策下的社会剩余始终会小于完全竞争均衡状态下的社会剩余。市场干预行为注定会带来无谓损失。因此，如果以社会剩余的多少作为判断标准，那么最佳的政策就是"一切交给市场，不做任何干预"。关于这一点，经济学上的表述是：**完全竞争市场是最有效率的**。

> **要点 26** 完全竞争市场达到均衡状态时社会剩余最大，政府采取任何市场干预手段都无法增加社会剩余。

读到这里，想必大家都惊愕不已吧？我们普通老百姓总是希望政府出手，帮助大家实现各种各样的愿望。比如，免除高中的学费，或者发放特定疾病治疗的补贴，诸如此类，不一而足。每一个愿望都有正当且充足的理由，但是我们也要看到，一旦政府响应这些要求，开始对市场进行干预，社会剩余反而会减少。

当然，我并不是以此为由，对贫困家庭置之不理。

这里我们要再次明确采取市场干预政策的目的

何在。正如本章开头我们看到的惨痛事件那样，将解决稀缺资源的分配问题完全交给市场，有可能导致小婴儿失去宝贵的生命。那么政府对奶粉市场进行干预的目的就应该是救助这些幼小的生命，而非使社会剩余达到最大。微观经济学中常说"不存在无须承担经济成本即可有效实施的市场干预政策"。我们判断一个政策的好坏，要看该政策是否达到了与付出的成本相符的效果（比如挽救了幼小的生命）。

　　经济上的弱势群体是被市场机制边缘化的部分人群。在救助这些弱势群体时，本就不该从是否合算的角度来衡量问题。如果救济弱势群体是一笔能赚钱的生意，那么民间企业早就代替政府解决这个问题了。政府实施的各种政策，并不能仅以经济效益来衡量。例如，某些公共事业注定要亏损，但如果推行这些事业能够减少一部分人的悲伤和痛苦，那么出台相关政策就是一项极具意义的举措。

第6章

为什么烟草的税率较高

某些商品的生产和消费会给社会带来不良影响

你喜欢抽烟吗？

我本人对香烟是避之不及的。我自己从不抽烟，如果有人在附近抽烟，我会感到很难受。有时我不留神进了一家不禁烟的餐厅，马上后悔不迭。看到路上乱扔的烟头也会让我心头火起。

除了香烟，我还不喜欢西瓜和吐司。我无法理解为什么那么多人能忍受西瓜里的那些籽，而每次吃吐司时，我总觉得口感干燥如沙砾，实在难以下咽。

与香烟不同，我不喜欢西瓜和吐司，选择不吃即可。即使有人在我面前吃西瓜或吐司，也不会给我带来任何不适。香烟却并非如此。以前我和朋友一起出去用餐，餐后朋友掏出香烟，说"饭后一支烟，赛过活神仙"，便在大家面前吞云吐雾起来。刺鼻的二手烟味让我烦躁不已，刚才美味佳肴带来的愉悦心情早就无影无踪了。

正如上述这些例子，生产或消费某商品时，有时会给第三方带来影响，商品的这一性质被称为**外**

部性。其中，**负外部性**给第三方带来损害；**正外部性**给第三方带来利益。香烟因为二手烟的问题会给其他人带来损害，属于具有负外部性的商品。

此类具有负外部性的商品不止香烟一种，乐器也有这一特性。演奏乐器的水平高，乐音曼妙则另当别论，但初学乐器的人练习乐器发出的凄厉声响无休无止地传到邻居家里，着实是一种折磨。在半个世纪前，日本就曾发生过一起因为无法忍受楼下传来的钢琴噪声而杀人的案件。此外，在早高峰的地铁里不得不听一路别人耳机里传出的声响，也是不太愉快的经历。

汽车也具有负外部性，因为汽车排出的尾气会污染空气，汽车也有可能引发交通事故。

以上列举的都是他人的消费行为产生的负外部性，还有些负外部性源于企业的生产活动，比如工厂附近的有害气体和噪声等问题。最近日益增多的问题还有电力公司铺设大型光伏发电板导致周边环境恶化，以及垃圾填埋企业野蛮作业，引发山体滑坡。这些都属于负外部性。

在这里我也介绍几个正外部性的例子，虽然这些并不是经济学的分析对象。例如，车站附近的商业街上开了一家花店，这让周边的气氛温馨了不少；附近托儿所的孩子每天都出来散步，人们看到这些天真无邪的孩子，心情也会开朗。此外，接种预防传染病的疫苗，有助于提高社会的免疫屏障，这也是一种正外部性。

外部性与纳税

如果将香烟这种向周围扩散负外部性的商品的分配完全交由市场体系运作，会引发一系列问题。企业并不关心自己的产品是否会引发一些外部性问题，企业只专注于追求自身利益，生产产品并供应市场，对于建设更美好的社会并无太大的兴趣。

我们难以想象会有乐器公司发表声明，"为了减少邻里矛盾，我们将控制生产规模"，并降低产量。若有汽车厂商提出，为了减少交通事故，我们准备将产量减半，大家一定会惊诧不已。烟草行业也是一样，我们见过烟草公司投放呼吁文明吸烟的广告，却很少有烟草公司打广告建议大家"为了避免他人受到二手烟的影响，请戒烟"。因为任何一家企业都有义务保障员工生活，维护股东利益，所以不会主动做出损害自身利益的行为。

因此，如果没有任何干预措施，全部交由市场调节，市场上势必会生产并消费大量具有不良影响的商品。整个社会充满负外部性，对不吸烟的人群而言，周围的环境会变得令人痛苦万分。为了避免这一事态，政府需要对市场进行干预。政府可以采用税收政策来干预市场，达到抑制具有负外部性的商品的生产这一目的。

例如，如果烟草企业每生产1盒香烟，政府就对其征收300日元的税，企业有可能因此降低产量。当然，政府也可以针对吸烟人士而非企业征税，每购买1盒香烟就征收300日元的税。不论对哪一方征税，应该都能减少香烟的流通量。由此可见，政府通过灵活运用税收这一工具，可以有效抑制对社会有不良影响的商品的流通数量。

收税的基准是什么

首先我们来调查一下日本对烟草征税的实际状况。

日本的烟草税细分为3类,即国家烟草税、都道府县烟草税和市町村烟草税。国家烟草税属于国税,所收税款均上缴国库,后两者均属地方税。此外,还有特别烟草税,这是日本政府为了填补财政赤字而征收的一项国税。以上这些税的税额与销售情况无关,以每1000支香烟为单位征收(见表6-1)。一盒有20支的香烟,需要缴纳的税金约为300日元。按照每盒香烟500日元的售价估算,税负占到定价的一半以上,由此可见烟草的税率确实很高(见图6-1)。

表6-1 每1000支香烟的征税金额(截至2021年10月)

国家烟草税	6802日元
特别烟草税	820日元
都道府县烟草税	1070日元
市町村烟草税	6552日元

烟草税的计征和烟草的销量无关，而是以自然计量单位为依据进行征收的，这被称为**从量税**。例如，每 350 毫升啤酒征税 70 日元左右，发泡酒（高辅料啤酒）征税约 40 日元（2021 年税率）。1 罐啤酒售价约为 250 日元，发泡酒为 200 日元，由此可知烟草税的税率是相对较高的。

针对汽油征收的挥发油税属于从量税，挥发油税的税率还在暂定阶段，目前（2021 年）每升汽油

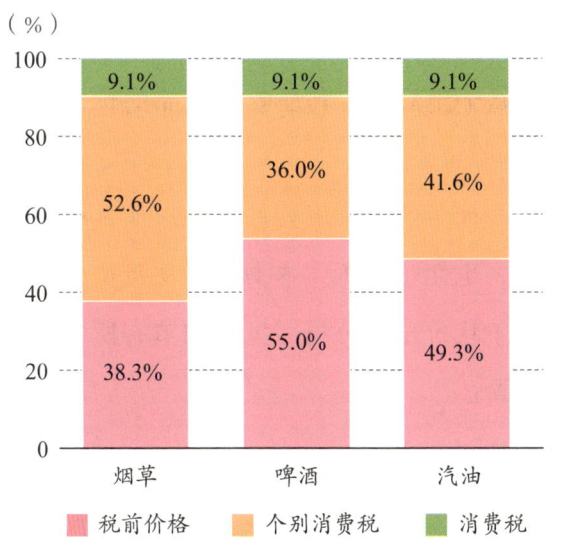

（%）

商品	税前价格	个别消费税	消费税
烟草	38.3%	52.6%	9.1%
啤酒	55.0%	36.0%	9.1%
汽油	49.3%	41.6%	9.1%

图 6-1　各类商品的税率比较（东京都市区范围，2020 年平均数值）

需缴税约 50 日元，普通汽油每升售价 147 日元，可见还是比烟草的税率要低不少。

为什么烟草的税率如此高？烟草这种商品有什么特殊性吗？解答这些问题，也是本章的目标之一。

根据税收的计算方式对税种进行分类，从量税之外还有**从价税**。从价税是以货物的价格为标准征收的税种，其税收以货物价格的一定百分比计算，例如按照"价格的10%"收税。在日本，最具代表性的从价税就是大家熟悉的消费税㊀。此外，所有企业均需按照一定额度缴纳的税（法人均摊税）属于**定额税**，其征收与产品的价格和数量都无关。

以上列举的各种形式的税中，从量税是最基本的税种，也便于分析。本书就以从量税为例展开分析，对于从价税的分析，虽然细节有所不同，但结论依然成立。

㊀ 日语的消费税与中国的消费税不是一回事，准确地说属于增值税。——译者注

要点 27 税收有各种计算方式，按照货物数量征收的为从量税，按照货物价格一定百分比征收的是从价税，此外还有与数量、价格无关，按照固定额度征收的定额税。

征税的效果

本节将运用微观经济学的观点，对烟草税做考察。和前文一样，这里将所有的香烟视为同质产品。虽然香烟有各种品牌，但我们忽视这些差异，将其统一看作"香烟"这一品类的产品。另外，虽然日本国内的烟草生产基本由日本烟草公司（Japan Tobacco，JT）一家垄断，但本书的主要目的是阐释经济学原理，所以还是假设烟草市场上有 A、B、C 共 3 家公司，承担烟草的生产和供给（见表 6-2）。

表 6-2 烟草公司的生产能力

公司	平均成本	产量
A 公司	100 日元/盒	1000 盒

（续）

公司	平均成本	产量
B公司	150日元/盒	1000盒
C公司	200日元/盒	1000盒

根据表 6-2 的数据，可以画出图 6-2 的供给曲线。我们在图中再加上一条需求曲线。因为抽烟人士众多，所以需求曲线十分平滑流畅。如图 6-2 所示，烟草市场的均衡价格为 200 日元，在此价格下，A、B、C 这 3 家公司均参与市场进行生产活动，均

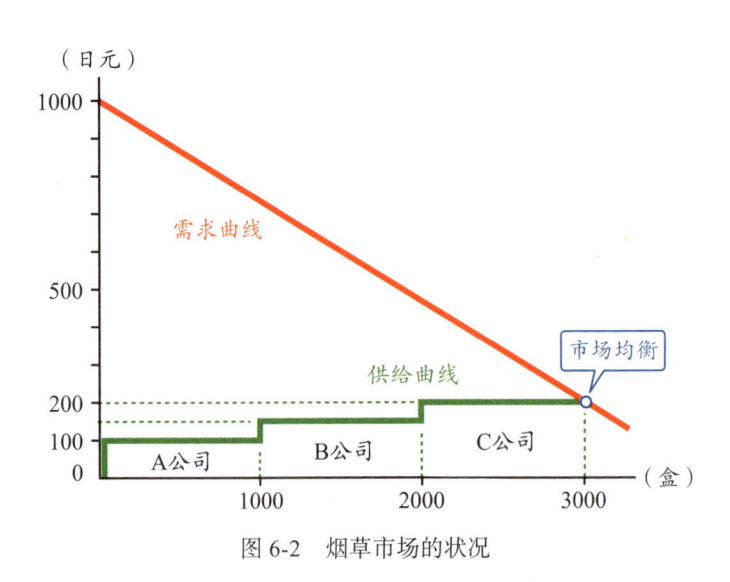

图 6-2 烟草市场的状况

衡数量为 3000 盒。

接下来我们假设政府对烟草征收从量税，即每生产 1 盒香烟，需缴纳 300 日元的税。假设政府对消费者不征税。那么此时烟草市场会发生什么变化？

由于需要缴纳 300 日元的从量税，各家公司的生产成本上涨了。图 6-3 用长方形表示了 A 公司的生产能力，此时每盒香烟的生产成本为：

$$100 + 300 = 400（日元）$$

这 400 日元中不仅包括 100 日元/盒的原材料、员工工资等成本，还包括新增的 300 日元的税负。因此，表示 A 公司生产能力长方形顶部向上抬高了 300 日元。

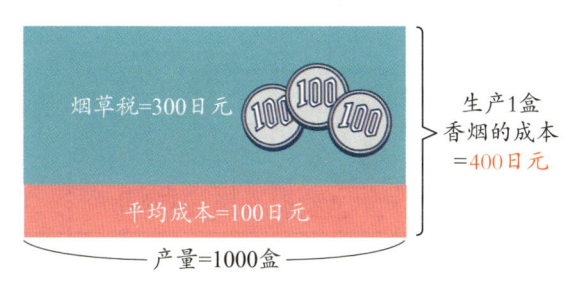

图 6-3 A 公司的生产能力与从量税

B 公司和 C 公司也面临同样的情况，所有表示公司生产能力的长方形顶部均抬高了 300 日元，这些变化导致供给曲线整体上移，幅度为 300 日元（见图 6-4）。

基于以上这些分析我们可知：

要点 28 向企业征收从量税时，供给曲线会上移，上移幅度与从量税的金额相等。

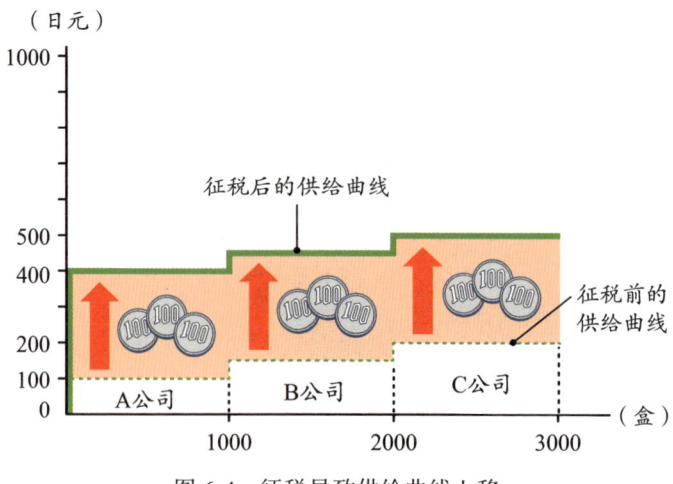

图 6-4 征税导致供给曲线上移

然而，因为没有向消费者征税，所以仅向企业征收烟草税并不影响需求曲线。如图 6-5 所示，市场均衡的位置也发生了变化。即征收烟草税导致香烟价格上涨，市场上香烟的流通量减少。

> **要点 29** 对某种商品的供给征收从量税，会导致该商品的均衡价格上涨，均衡数量减少。

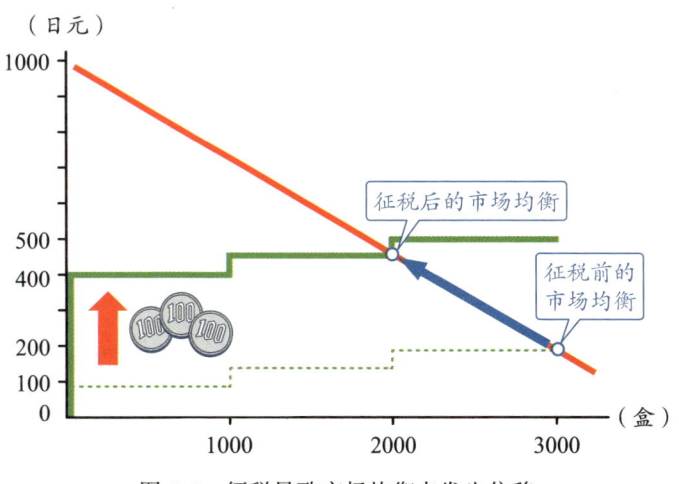

图 6-5 征税导致市场均衡点发生位移

税负转嫁

到目前为止，我们关于烟草税的讨论基本都在大家的常识范围内。政府对烟草征税，导致烟草价格上涨，烟草的流通量减少，这都是预料之内的结果。在这些因素的作用下，因二手烟而痛苦的人数也会有所减少。

可是吸烟人士恐怕对这个结论颇有微词——烟草税是政府向烟草企业征收的，可是企业却通过涨价转移了税负。

向烟草公司征税 ➡ 香烟涨价

从上面的因果关系可以看出，企业把原本应该自己承担的税负转嫁给了消费者。这一现象在经济学中称为**税负转嫁**。

> **要点 30** 政府向企业征税，结果造成商品价格上涨，税变成由消费者承担，这一现象被称为税负转嫁。

税负转嫁是市场这一体系中必然会产生的现象，并非有人恶意为之。就像苹果因为地球引力而下落，税负转嫁也是一个价值取向为中性的现象。因为需求曲线和供给曲线的相交点决定了市场均衡点，因此只要供给曲线上移，就势必会引起价格的提升。在指责烟草企业之前，我们应该想到决定价格的一半责任在消费者一方（＝需求曲线）这个事实。

仔细观察图 6-5，我们可以做出如下解读（可以说，这一解读是完全立足于经济学原理的）。

（1）政府向烟草企业征收高额的从量税，这造成大量企业亏损，这些企业准备退出烟草市场。

（2）这些企业如果撤离烟草市场会给众多吸烟人士带来很大影响，因此这些消费者接受了香烟涨价。

（3）香烟涨价后 A、B 两家公司恢复了盈利，继续留在烟草市场。C 公司未能扭转亏损，只能撤离。

以上就是政府征收高额从量税后市场发生的一些变化，按照上述逻辑梳理这一系列情况后，想必大家对税负转嫁这一现象也有了更深刻的认识。换个角度来看，税负转嫁可以看作"吸烟人士出资募捐，从政府的暴行中拯救烟草产业"。我想，这种看法也许能保全吸烟人士的面子。对于吸烟人士来说，如果要找出一个造成烟草涨价的"敌人"，那就应该是对烟草征收重税的政府，而非烟草企业。

需求的价格弹性

税负转嫁并非只发生在烟草市场中。任何商品，只要被征税，就会产生税负转嫁现象。当然，商品的种类不同，被转嫁的税负大小也不尽相同。某些商品的税负几乎完全由企业承担，某些商品的税负则完全转嫁给了消费者。到底由哪一方承担多少税负，这由**价格弹性**这一指标决定。通过观察需求曲线，可以看出价格弹性的大小。

一般来说，经济学将价格弹性定义为"价格变动引起的市场需求量的变化程度"。例如某商品的价格上涨1%，需求就相应减少5%，那么计算该商品的价格弹性的算式为：

$$5\% \div 1\% = 5$$

（因为价格弹性是需求变动率与价格变动率的比值，所以没有单位。）价格弹性是用来测量需求一方对价格敏感程度的工具。

我们用图表的形式来解释价格弹性这一概念。图 6-6 是倾斜角度不同的 2 条需求曲线。图 6-6a 的需求曲线十分陡峭，从图中可以看出，虽然价格大幅上涨，但需求未随之大幅萎缩。这说明该商品的需求对价格的变化不太敏感，即需求的价格弹性小。

与此形成鲜明对比的是图 6-6b 的曲线，价格略有上调，需求就锐减。这说明该商品的需求对价格的变化十分敏感，即需求的价格弹性大。

要点 31 需求曲线的倾斜角度陡峭，说明需求缺乏弹性；需求曲线的倾斜角度平缓，说明需求富有弹性。

（日元）

虽然价格
大幅上涨

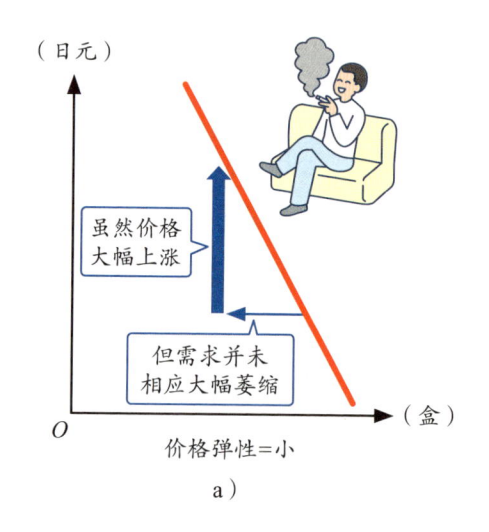

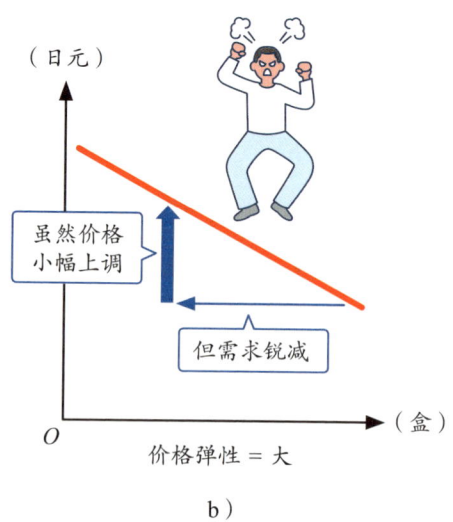

但需求并未
相应大幅萎缩

O　　价格弹性=小　　（盒）

a）

（日元）

虽然价格
小幅上调

但需求锐减

O　　价格弹性=大　　（盒）

b）

图 6-6　需求曲线的倾斜角度与价格弹性

价格弹性与税负转嫁

本节我们来探讨需求的价格弹性与税负转嫁之间的关系。图 6-7 展示了在需求的价格弹性小和需求的价格弹性大两种情况下，供给曲线抬升分别给均衡价格带来何种影响。

当需求曲线较为陡峭，即当价格弹性小时，供给曲线的抬升几乎完全体现在均衡价格的上涨中，当征税导致供给曲线抬升时，均衡价格的上涨幅度接近征税额。

当需求曲线较为平缓，即当价格弹性大时，供给曲线抬升不会引发均衡价格的明显变动，说明此时几乎没有税负转嫁的情况。

需求的价格弹性可以看作"消费者的忠诚度指数"，当价格弹性大时，价格稍有上涨就会引发大批消费者离开，因此生产该品类商品的企业即便背负着沉重的税收负担，也不敢轻言涨价。因为企业自己承担税负，所以税负转嫁的程度比较低。相反，若是价格弹性小，消费者不会轻易因价格上涨而放弃购买，

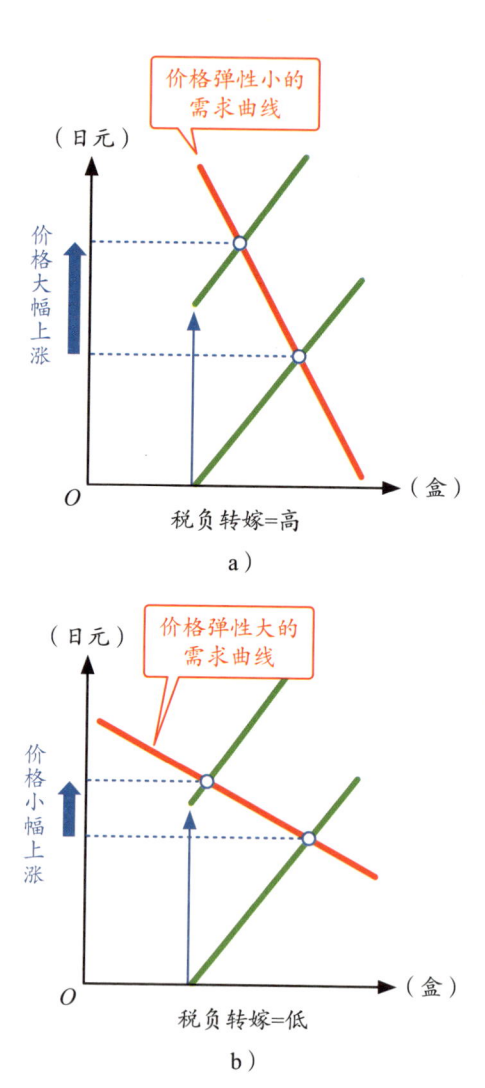

图 6-7　价格弹性与税负转嫁

因此生产该品类商品的企业会毫无心理负担地把税负转嫁到消费者身上，这意味着税负转嫁的程度高。

> **要点 32** 商品的价格弹性大，税负转嫁的情况较少，商品的价格弹性越小，就越容易发生税负转嫁。

烟草这种商品的特殊性

上述分析揭示了烟草税的税率远高于其他税的原因——烟草需求的价格弹性极小。即便香烟涨价，烟民也很难因此戒烟。

因为烟草有极大的成瘾性，所以烟民对香烟的最大支付意愿是相当高的。我估计只要香烟价格在每盒 1000 日元之内，大部分烟民都能接受。

烟草这一商品的特殊性就在于成瘾性。虽然也有酒精成瘾的人，但数量远不及尼古丁成瘾的人。此外，只要不是重度酒精成瘾，若啤酒价格上涨，多数人会转而选择发泡酒，或是降低饮酒频率。若是汽油税高涨，很多人会减少驾车次数，转而选择公共交通出行。

可是烟草和酒精、汽油有不同之处，若要缓解尼古丁成瘾的症状，除了摄取尼古丁外别无他法。对于烟草消费者来说，缺乏其他可替代的商品，因此烟草需求的价格弹性极小，这导致税负转嫁程度非常高。这也是烟草税率明显高于其他税种的原因之一。香烟价格几乎每年都在上涨，正是因为其需求对价格变化的不敏感性。

从表6-3的数据中，我们可以看出日本的吸烟率在逐年下降。可以想见，日本政府为了确保税收，今后会继续提高烟草税率。广大烟民也许是时候考虑一下，是继续支付高额税金以支持不断收缩的烟草产业，还是下定决心开始戒烟？

表6-3 日本的成人吸烟率

公历	男性吸烟率（%）	女性吸烟率（%）
1980年	70.2	14.4
2000年	53.5	13.7
2018年	27.8	8.7

资料来源：日本烟草公司进行的"日本全国吸烟率调查"。

第7章

我们该买那杯咖啡吗

企业为什么会"作恶"

在前面的章节中，我们探讨了各种市场，例如倒卖口罩的市场、烟草市场等。在这些市场中，产品供给方的行为常常让人觉得在伦理道德方面存在问题。例如，在烟草市场中，企业以烟草税的名义提高价格。当时，我总是将这些行为解释为"并非企业有意作恶，而是市场机制的运作所致"，听上去似乎是在为企业辩护。也许有的读者已经开始怀疑，"这个作者是不是企业雇来的托儿？"，并对我的立场产生了质疑。

因此，本章将讨论一个即便从经济学的角度也应当严厉谴责的企业行为——垄断。

垄断与价格垄断

垄断是一种市场结构，当市场里只有一家企业交易产品或者服务时，该市场被称为**完全垄断市场**，该企业就是**垄断企业**。

当市场中没有竞争对手时，垄断企业便可以为所欲为。因为消费者只能从该企业购买产品，所以企业可以任意抬高价格，这在经济学中被称为"垄断企业的**价格垄断**"。垄断企业通过价格垄断危害社会。

> **要点 33** 垄断企业实行价格垄断，操纵商品价格。

电影《黑金》

下面我们通过一个真实的例子，来看看垄断企业如何操纵商品价格。

每年的圣诞节前，我总是在课堂上举办吃着比萨看电影的活动。因为是经济学的课堂，所以一般选择反映社会现实的纪录片。这些年我在课堂上已经看过很多部电影，其中令我印象特别深刻的是《黑金》（*Black Gold: Wake Up and Smell the Coffee*）这部电影。

随着发源于美国西海岸的咖啡店在全球不断扩张，日本等发达国家的咖啡消费量迅速增加。每天，全球大约消费20亿杯咖啡，按照每杯400日元的价格计算，花在咖啡上的钱是一个天文数字。

可是根据电影《黑金》的网页上登载的日语信息，一杯售价为419日元的咖啡中，支付给咖啡农的只有区区1.7日元，约占售价的0.4%。支付给当地流通、出口企业的金额为2.1日元，约占售价的0.5%。其余的约99%都被发达国家的咖啡相关企业拿走了。

在这部电影中，种植咖啡的农民们过着极为贫困的生活。挑选咖啡豆的工人每天的报酬仅有50日元，那些堆积如小山般的咖啡豆，以几千日元的低价被出售。屏幕这一边的我们看到此处，觉得手中的比萨有些难以下咽。影片中，反映咖啡农艰辛生活的镜头中还夹杂着这样一些场景：纽约的商业精英手拿报纸，悠然啜饮着意式浓缩咖啡；某咖啡连锁店的店员穿着绿色围裙，满面微笑、神采奕奕地接待顾客。当影片结束时，我们这些观影的人心中也充满了负罪感。

那些承受超额工作量、工作环境恶劣、工资待遇远低于最低标准的工人，有时被称为"**奴工**"。一些企业通过雇用奴工来获取利润，而消费者购买这些企业的产品，纵容这些企业盈利的行为则伴随着伦理道德的质疑。事实上，《黑金》这部电影上映后，引发了全球范围的激烈讨论，甚至有观众呼吁抵制某咖啡品牌。

买方垄断

这部电影的舞台是一个小村落，这里居住着许多种植咖啡豆的农民，他们过着贫困的生活。这些村落远离城市，地理位置上又相互隔绝。村民们没有寻找更好的收购方的信息途径，也很难将咖啡豆运出去，因此只能把咖啡豆卖给当地的少数几家收购商。

因此，此地的咖啡豆市场上的收购商就有了垄断价格的能力，这一垄断形式被称为**买方垄断**。

要点 34 买方垄断是指买方具有垄断势力的市场形态。

完全垄断市场的性质，和我们在前几章中论述的完全竞争市场完全不同。完全竞争市场中最终决定价格的是市场，对于市场中形成的价格，即便企业和消费者心有不满，也只能全盘接受。

在咖啡豆市场中，决定价格的实际上是买方。买方通过完全的价格垄断，选择对自己有利的价格。而作为卖方的咖啡农，他们的声音则被彻底忽视。

咖啡豆市场的模型

下面我们借助图简要分析完全垄断市场的性质。我们以咖啡豆市场为例，假设该市场中供应咖啡豆的是众多咖啡农，在产地收购咖啡豆的只有一家企业，某知名国际企业 S 公司。贫穷的咖啡农们只能把豆子卖给这家公司。

图 7-1 展示了咖啡豆市场的基本情况。如果 S 公司把收购价压得过低，咖啡农会减少咖啡豆的生产，转而种植其他作物（转换作物品种耗时较长，因此可以认为图 7-1 是以数年为单位，以较长期的视角绘制的）。因此咖啡豆的供给曲线向右上方倾斜。需求曲线反映了 S 公司的需求，与其他市场的需求曲线无异，是一条向右下方倾斜的线。

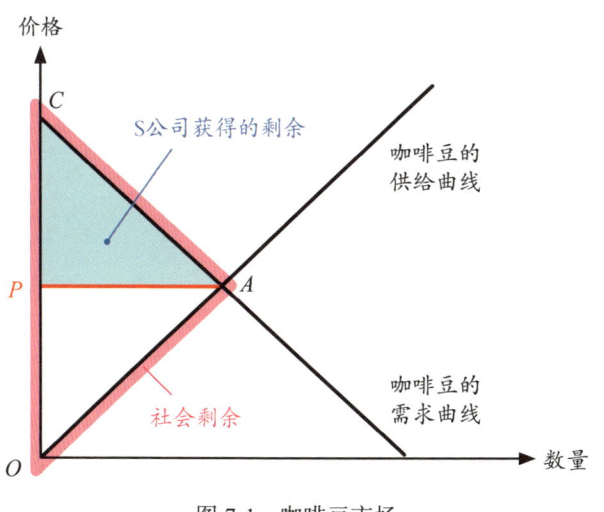

图 7-1　咖啡豆市场

首先我们假设由市场决定咖啡豆的价格。此时，在需求曲线和供给曲线的相交点 A 处，实现了市场均衡。此时咖啡豆的价格在 P 点，社会剩余可由三角形 CAO 的面积表示。特别提醒大家注意，如图 7-1 所示，此时 S 公司从市场获得的剩余等于三角形 CAP 的面积。

可是当 S 公司具有垄断价格的能力时，市场就变成了如图 7-2 所示的情形。从图中可以看出，S 公

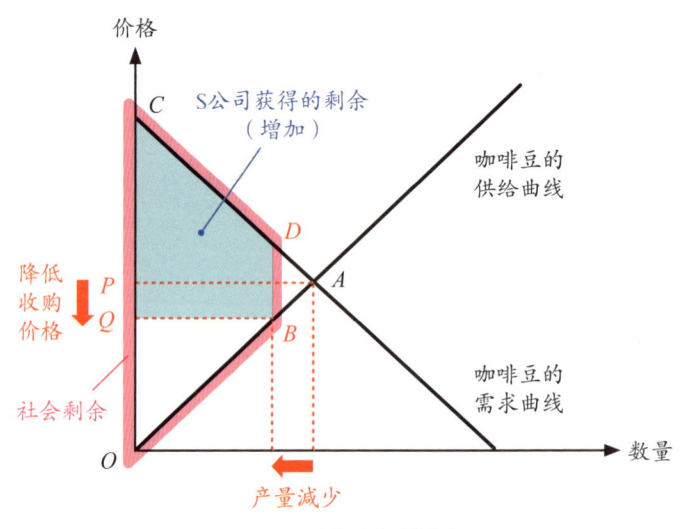

图 7-2 买方垄断的市场

司将咖啡豆的收购价格从 P 点降到了 Q 点的位置。这导致一些咖啡农放弃种植咖啡豆，改种其他作物，咖啡豆的市场供给量也随之减少。咖啡豆市场在图中 B 点的位置达到均衡。

请大家注意，**此时 S 公司从市场获得的剩余增加了**！

在图 7-2 中，S 公司从市场获得的剩余可以用梯形 CDBQ 的面积来表示。该梯形的面积大于三角形 CAP 的面积。S 公司压低收购价格时，市场中仍有不少咖啡农并未（无法）退出，S 公司通过廉价收购这些咖啡农的咖啡豆赚取了巨额利润。

垄断企业操纵价格，造成了社会剩余减少。图 7-2 中，社会剩余可以用梯形 CDBO 的面积表示。该梯形的面积小于三角形 CAO 的面积。图中面积大小的对比说明 S 公司压低收购价格造成咖啡豆市场的社会剩余减少。换言之，S 公司为了追求自身的利益，不惜牺牲社会全体的利益。这一行为即使从经济学的角度也无法为之辩护，属于危害社会的恶行。

> **要点 35** 在买方垄断的市场中,买方企业压低产品的收购价格,导致社会剩余减少。

卖方垄断

前面的内容中我们介绍了买方垄断的情况,即买方企业具有垄断价格的能力。而在卖方垄断市场,卖方企业能够随意操控价格的情况被称为**卖方垄断**。事实上,微观经济学中关于卖方垄断的内容和案例更多,下面对卖方垄断做简单介绍。

> **要点 36** 市场中唯一的卖方垄断价格的市场形态被称为卖方垄断。

图 7-3 展示了某商品的市场状况,图中所示市场模型和其他市场模型相同,向右上方倾斜的是供给曲线,向右下方倾斜的是需求曲线。

如果该商品的价格由市场决定,那么在两条曲线的交点 A 的位置达到市场均衡。此时的社会剩余

大小可由三角形 OAC 的面积表示。

可是，如果卖方企业具有垄断价格的能力，卖方企业为了追求自身利益会提高商品价格。这会导致市场均衡点从 A 移至 B，表示社会剩余的几何图形也随之缩小为梯形 $ODBC$。

要点 37 在卖方垄断市场中，卖方企业抬高售价会导致社会剩余减少。

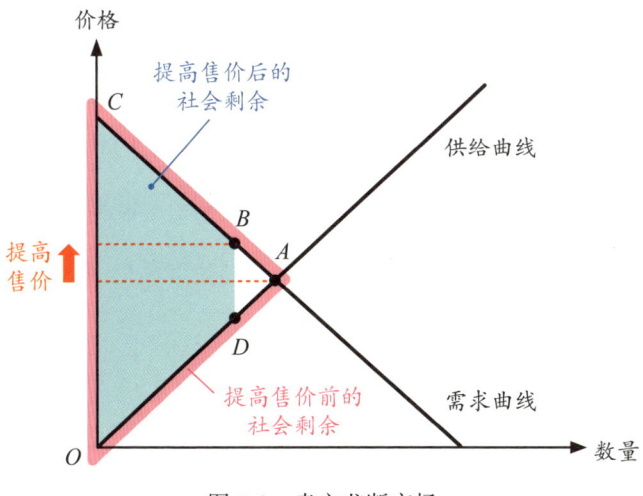

图 7-3 卖方垄断市场

艺术品拍卖

通过以上论述，我们知道不论是买方垄断还是卖方垄断的市场，这些垄断企业都会为了追求自身利益而操纵价格，损害社会整体的利益。

那么，为什么垄断行为会危害社会？其深层原因究竟是什么？

为了解答这个问题，我们还是用具体的事例来说明。假设有一位陶艺家，我们就叫他栗右卫门（该人物纯属虚构，如有雷同，纯属巧合）吧。他是国家级非遗传承人，声名远扬海内外，制作的陶壶价值数百万日元。栗右卫门是世界上独一无二的陶艺家，因此"栗右卫门的陶壶作品"的市场属于由他主导的卖方垄断市场。栗右卫门想要以什么价格出售自己的陶壶作品，完全取决于他自己的意愿。

图7-4用我们熟悉的长方形表示了栗右卫门的生产能力，即他向市场供应陶壶的能力。栗右卫门在艺术上追求完美，绝不妥协，若是陶壶略有瑕疵，

他会毫不留情地把壶摔个粉碎。因此，他每次最多只能烧出一个陶壶（陶壶的产量）。此外，陶壶的生产成本主要包括陶土、木柴及学徒们的工资，每个陶壶的成本大约为 10 万日元。

  从这个小小的长方形中终于诞生了一个陶壶作品，这个消息瞬间传遍了全日本。这个陶壶将通过拍卖会出售。日本全国的艺术品收藏家们准备好了成捆的钞票，齐聚在拍卖会现场。此时，栗右卫门的陶壶作品的需求曲线如图 7-5 所示，这也是将众多

图 7-4　栗右卫门的生产能力

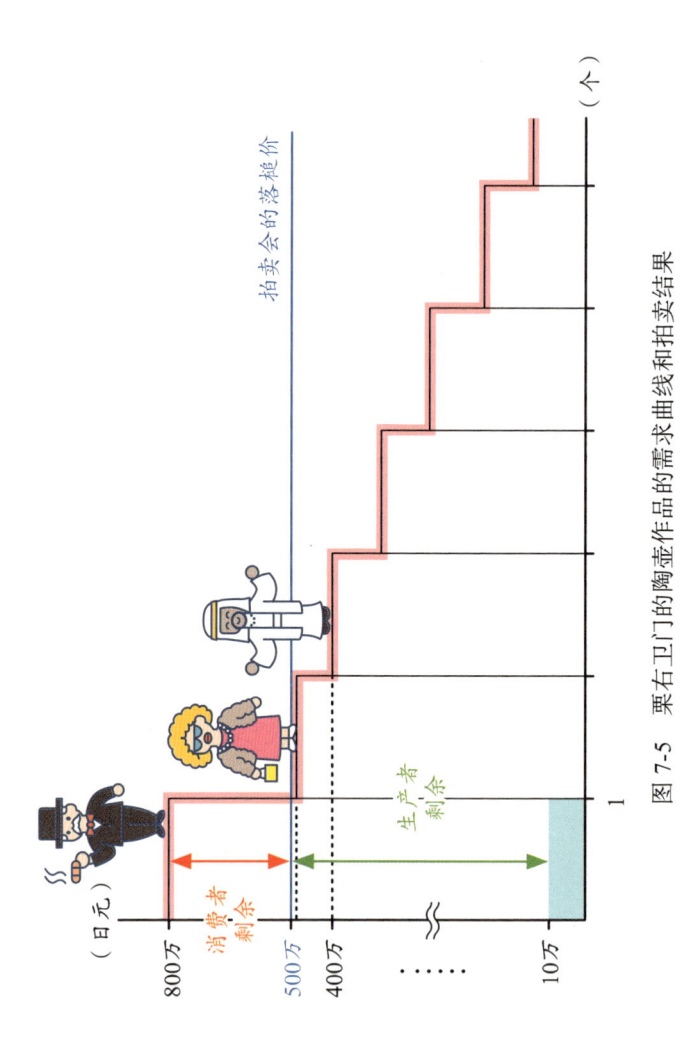

图 7-5　栗右卫门的陶壶作品的需求曲线和拍卖结果

收藏家的最大支付意愿按照由高到低的顺序排列后得到的一条曲线。

拍卖会终于开始了。拍卖有各种方式，这里我们采用拍卖标的物的竞价按照竞价阶梯由低至高依次递增，直到剩下最后一位竞价者的方式（这一拍卖方式被称为英式拍卖）。

陶壶的竞价一路飙升，在500万日元的时候，全场只剩唯一的出价者，其余人都不再竞价。因此该陶壶市场的均衡价格为500万日元，均衡数量为1个。拍得此壶的人的最高心理价位是800万日元，因此他得到的消费者剩余为：

$$800 - 500 = 300（万日元）$$

而栗右卫门得到的生产者剩余为：

$$500 - 10 = 490（万日元）$$

由此可以计算出社会剩余为：

$$300 + 490 = 790（万日元）$$

价格垄断并未损害社会剩余

那么，我们站在经济学的角度，是否应该批评栗右卫门在陶壶市场上的行为呢？换言之，栗右卫门垄断陶壶的价格是否损害了社会剩余？

我们需要认识到，拍卖会的拍卖方式与市场对价格的调节如出一辙。陶壶只有一个，如果有两个人想要，该市场就出现了超额需求。此时拍卖师会提高陶壶的价格。当对于这唯一的陶壶，只有一位买方时，该市场的需求和供给达到平衡，价格也最终得以确定。拍卖会上的竞价过程，本质上和市场调节价格是一样的。

拍卖会上，陶壶最终以 500 万日元成交，这一价格与完全竞争市场上形成的陶壶价格是一致的。在这场拍卖会上，栗右卫门并未行使垄断价格的权力。

如果栗右卫门不打算通过拍卖会出售自己的陶壶作品，而是自行定价，情况将会如何呢？假设栗右卫门是那种追求利益最大化的人，他可能会将陶壶定价为800万日元，因为他知道，市场上有买家愿意最高出800万日元来购买这件作品。此时，买家获得的消费者剩余大幅下降为：

$$800 - 800 = 0（万日元）$$

而栗右卫门获得的生产者剩余为：

$$800 - 10 = 790（万日元）$$

而此时社会剩余为：

$$0 + 790 = 790（万日元）$$

社会剩余的数值和通过拍卖会出售陶壶的社会剩余数值完全相同。

于是我们惊讶地发现：栗右卫门利用自身价格垄断的能力抬高了售价之后，社会剩余丝毫没有减少！

关键在于流通量

在咖啡豆市场上，垄断企业压价收购咖啡农生产的咖啡豆，造成了社会剩余的减少。可是在栗右卫门陶壶作品的市场上，陶壶的价格被抬升到最高点，社会剩余也未见减少。这究竟是为什么？

为何同为垄断，有的给社会带来危害，有的却并非如此？

两者的区别在于垄断行为是否导致了商品流通量的变化。

在咖啡豆市场中，买方恶意压低了收购价格，导致一部分咖啡农放弃种植咖啡豆，这意味着本该被生产出的产品在垄断行为的影响下夭折了，未能供应市场。

而在栗右卫门陶壶作品的市场上，不论价格高低，陶壶的生产量始终只有1个，而且这个已经生产出来的陶壶最终也被某个认同其价值的收藏家收入囊中。

因此，当垄断方操纵价格，导致商品的流通量减少时，社会剩余也随之减少。其深层原因就在于，市场正常发挥作用时创造出的"财富"，因为垄断企业的贪婪暴行，尚未萌芽就被扼杀。这部分尚未创造出就被抹去的财富,就是社会剩余因垄断而减少的部分。

> **要点 38** 当垄断企业的垄断行为造成流通量减少时,社会剩余也随之减少。

东京博善

在现实的经济活动中,我们很难见到独家企业垄断的真实事例。因为某种商品或服务的市场很难被某一个企业完全垄断,完全符合这一定义的例子非常罕见。

我在给学生上课时,常会举东京博善这个例子,因为这家公司具有与垄断企业高度类似的特性。东京博善是一家在东京市内主营火葬业务的公司。该公司创立于明治时代中期,当时火葬场由各家寺院经营,数量众多且管理无序。东京博善陆续收购了这些小型火葬场,慢慢发展壮大起来。目前,东京市区内的23个区有9家火葬场,除2家公营之外,其余都是民营。而在这 7 家民营中，就有 6 家属于东京博善。东京市区内 23 个区的火葬业务中，东京博善占了 7 成以上。考虑到今后也不太可能在东京市区内新建火葬场，可以断定，该公司的垄断状态还将持续很长一段时间。

接下来我们来探讨一下东京博善的垄断状态给社会剩余带来何种影响。东京博善在东京市区内的火葬业务领域是事实上的垄断企业，具有很强的垄断价格的能力。虽说丧葬行业关系到人的尊严，企业不能肆无忌惮地抬高价格，但是对比东京博善和其他公司的服务报价，东京博善的价位明显偏高。

图 7-6 展示了火葬服务市场的情况。从图中可以看出，即便东京博善进一步提高火葬价格，社会剩余也几乎不会受到影响。

我们首先从需求曲线入手。死者家属是火葬服务的需求方，他们的最大支付意愿通常较高，因为他们不可能因价格高而放弃葬礼。对于死者家属而言，只要丧葬费用不是像百亿日元那样的天文数字，即使费用稍微超出预期，也能勉强接受。假设在此期间，该区域有 100 个火葬服务的需求，每位死者家属对于火葬服务的最大支付意愿为 10 万日元。根据这一假设，如图 7-6 所示，火葬服务的需求曲线是一条垂直线，位于 100 个的位置。只要价格不超过 10 万日元，价格的波动就不会影响总需求量，总需求量始终维持在 100 个。

供给曲线仍然是我们熟悉的向右上方倾斜的形态。虽然我不太了解火葬服务的具体成本结构，但

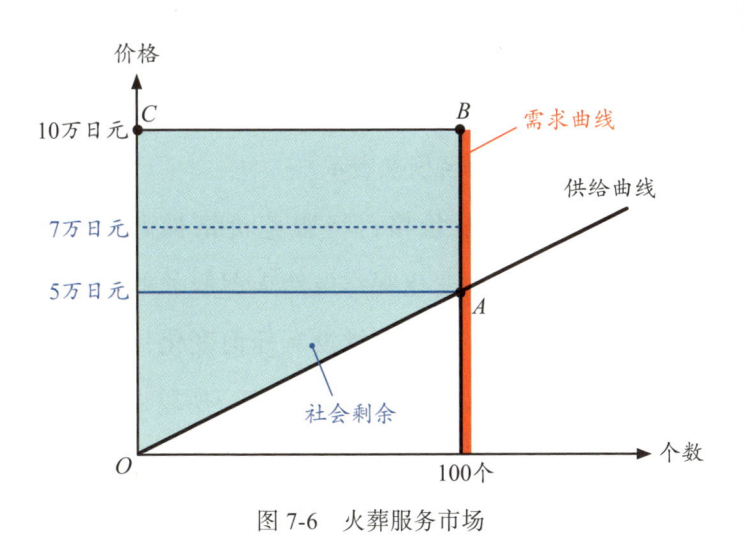

图 7-6　火葬服务市场

大致可以推测，成本包括员工的人力成本、燃料成本以及葬礼会场的相关费用。因此，如果火葬服务的价格过于低廉，恐怕难以支持相应的服务。而若是价格高涨，火葬场也不太可能全天候满负荷运转以提供更多服务。此外，我认为火葬行业肩负着一定的社会责任，即便价格下降，也不应随意退出市场，而应尽力为社会提供必要的服务。

从图 7-6 中我们可以看到，火葬服务的市场是由一条从 10 万日元的位置垂直向下的需求曲线，和一条常见的向右上方倾斜的供给曲线构成的。如果企业不操纵价格，由市场来确定价格，那么市场均衡点就位于图中点 A。此时价格为 5 万日元，社会剩余可由梯形 $OABC$ 的面积来表示。

如果企业垄断价格，将服务价格提升到 7 万日元，会发生什么变化呢？虽然火葬服务的价格提升到了 7 万日元，但需求量没有任何变化，依然是 100 个。作为企业，因为提高了价格，所以也有动力增加供给，但是因为对火葬服务的需求始终固定在 100 个，因此企业并不能增加实际的供给量。由此可见，在火葬服务的价格从 5 万日元上涨到 7 万日元，但服务的流通量还固定在 100 个的情况下，社会剩余没有任何变化，依然可以用梯形 $OABC$ 的面积表示。

当然，伴随着价格的上涨，消费者剩余减少，企业获利相应增加。如果相关企业垄断价格这一情况真实发生，悲痛的死者家属自然可以强烈谴责这些企业为非作歹，泯灭良心。然而，从社会剩余的角度来看，东京市内火葬服务市场的垄断状态并不是一个特别严峻的问题。

抵制咖啡的行为有效吗

上文中我们考察了各种各样的完全垄断市场。如果我们从社会剩余的变化这一角度出发，垄断企业给社会带来危害，发生在它们垄断价格，造成商品的流通量减少的时候。

我们在第 3 章中曾分析过口罩市场的情况，得出的结论是倒卖口罩并没有导致社会剩余减少。但是如果我们改变条件设定，假设所有的口罩全都被1名口罩贩子抢购囤积，而且这名垄断了市场的口罩贩子为了进一步推高口罩的价格，将囤积的一部分口罩丢弃到深山老林里。在这种情况下，我们的结论就有所变化了。因为此时，不仅口罩的价格暴涨，还会有一部分消费者最终买不到口罩，社会剩余也随之锐减。

当然，现实中的口罩市场恰恰相反，随着口罩企业扩大生产逐渐显现成效，那些口罩贩子慌忙开始抛售手头囤积的口罩，最终大家都能买到口罩了。

如果我们认识到，垄断危害社会的根本原因在于减少了商品的流通量，那么我们解决这个问题的政策也不言自明了——实施增加商品流通量的政策即可。

在咖啡豆市场上，**公平贸易**这一政策是切实有效的。具体做法是一些非营利组织（NPO）以公正的价格从咖啡农手中收购咖啡豆，此行为不以盈利为目标。因为如果收购咖啡豆的价格上涨，这会吸引很多转行的咖啡农再次种植咖啡豆。提高咖啡豆的收购价格不仅直接帮助了咖啡农,还通过提高咖啡豆的市场流通量增加了社会剩余。(见图7-7。)

而抵制咖啡的活动,其效果却非常糟糕,这与参与者的初衷恰恰相反。如果开展抵制购买的活动,会导致咖啡豆的市场流通量进一步缩减。这不仅无法帮助产地的广大咖啡农,还会给社会整体带来不良影响。

图7-7 公平贸易的示意图

当企业作恶时，单凭直觉就发起抵制运动，这并不能真正解决问题。我们应该冷静思考，想出像公平贸易这种对受害方以及社会整体都有益处的好办法。而这时候，微观经济学就能派上用场了。

第 **8** 章

企业之间的战争

不完全竞争市场

在上一章，我们探讨了独家企业垄断市场的情况。在完全竞争市场中，商品价格由市场供需决定；而在完全垄断市场中，定价权则掌握在垄断企业手中。为了攫取更多利润，垄断企业往往压低原材料的收购价格，同时提高产品售价，这些行为最终导致社会剩余的减少。

垄断企业之所以能为所欲为，原因是缺乏竞争对手。如果在咖啡豆的收购市场上出现好几家企业，竞相购买优质咖啡豆，那么 S 公司也只能提高收购价格，否则根本买不到咖啡豆。如果在东京市内新建公营的火葬场，那么东京博善也一定会降低服务价格。

当然，出现竞争对手也不会导致之前盘踞在市场的企业完全丧失对价格的垄断能力。这些企业依然可以按照自己的需求来控制市场价格，但此时需要关注竞争企业的动向。市场上出现竞争对手，会限制企业对价格的垄断。

如上所述，少数几家企业互相制约，对价格实行不完全垄断，此类市场被称为**寡头垄断市场**，如果是两个主要竞争对手统治了市场，则被称为**双头垄断市场**。完全垄断市场、寡头垄断市场、双头垄断市场都属于**不完全竞争市场**，在此类市场中，决定价格的是企业一方。本章我们将以日本的餐饮市场为例，探讨不完全竞争市场的特性。

> **要点 39** 按参与市场的企业数量来分类，不完全竞争市场中有完全垄断市场、双头垄断市场和寡头垄断市场。

令人怀念的"新经济"

不知各位读者是否听过"新经济"这个词。这个词在 20 世纪 90 年代末风靡一时，今天的年轻人也许没听说过。

20 世纪末，随着 IT 技术的快速发展，手机（非智能手机）逐渐普及，连高中生都几乎人手一台。面对这样的社会变化，当时有不少人认为"高速发展的IT技术彻底改变了传统商业模式，全球经济将进入长期增长阶段"。这些新经济的理论最初源于美国，随后蔓延至全球，很多人对此深信不疑。回顾历史，人类社会总是时不时涌现出某种预言或理论，例如诺查丹玛斯的大预言。尽管这个大预言曾风靡一时，但恐怕现在的年轻人对它已经知之甚少。

20世纪90年代末，新经济理论深入人心，受其影响，任何与IT相关的公司股价都开始暴涨。例如，有一家手机销售公司，虽然旗下的手机店规模较小，但遍布日本各大车站附近。这家公司的股价在短短几个月内便翻了一番。这一现象后来被人们称为"互联网泡沫"。

泡沫的特性就是不会长久存在，而互联网泡沫更是昙花一现。就在人们隐约感受到互联网泡沫难以持续时，2001年9月，美国发生了"9·11恐怖袭击事件"，这一事件直接导致互联网泡沫瞬间破裂，全球经济开始下行。

餐饮业的战争

讲到这里，我们终于进入本章的正题。每当经济下行，社会的各个层面都会受到影响。从宏观层面看，经济不景气会导致股价下跌和失业率上升；而从微观层面来看，工薪族的午餐预算也可能遭遇削减。在日本的许多家庭中，房租、医疗费用和教育支出往往难以迅速降低，而男主人的午餐费则可以在第二天立刻减半。

在这种情况下，当时日本各地都出现了"一枚硬币午餐"。这是指用 1 枚 500 日元面值的硬币就能买到一顿午餐。这么多年过去了，现在 500 日元吃一顿午餐在大家看来已是理所当然的事了。2002 年 8 月，日本的麦当劳将汉堡包的价格降至税前 59 日元，这在当时也颇为轰动。

随着互联网泡沫的破裂，日本的餐饮业开始竞相降价，经济学上把这种现象称为**价格竞争**。即企业之间通过竞相降低商品的市场价格展开竞争，以期提高市场份额，竞争的焦点在于价格，而非商品质量或店铺位置。分析价格竞争的理论模型叫作**伯特兰德价格竞争模型**（Bertrand model），这是以其创立者，法国经济学家约瑟夫·伯特兰德的名字命名的。

伯特兰德价格竞争模型

我们做一个简单的市场假设：两家企业生产完全相同的产品（例如矿泉水）。因为市场中的企业数量为2，所以这是个双头垄断市场。此外，两家企业生产的产品完全相同，我们将其称作同质产品（详见第4章）。因此，我们分析的对象就是**双头垄断市场中同质产品的价格竞争**。怎么样，听上去很专业吧？

为了方便，我们将这两家企业称为A公司和B公司。这两家企业都生产500毫升容量的矿泉水，拥有相同的生产能力，能以每瓶80日元的成本生产100万瓶矿泉水。两家公司的生产能力如图8-1所示。

我们对于该市场中的消费者做如下设定：消费者对矿泉水的口味没有特殊要求。只要矿泉水的质量过关，他们并不在意是 A 公司还是 B 公司的产品。对于这种没有味道的矿泉水，我自己根本喝不出什么区别，这里假设消费者同样喝不出区别。我们还假设市场中的消费者遵循以下两条行为准则：

> **准则 1：**如果超市里有 A、B 两家公司的矿泉水，哪怕只有 1 日元的差价，消费者也会选择更便宜的一方。

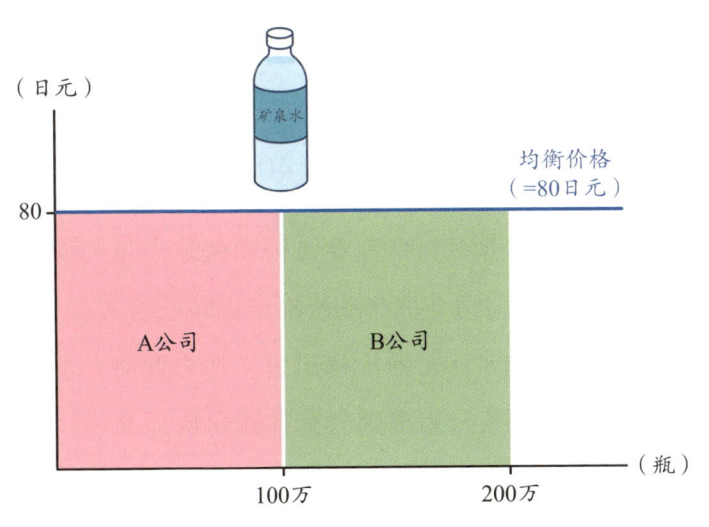

图 8-1 双头垄断市场中同质产品的价格竞争

> **准则 2：** 如果两家公司的定价相同，消费者则随机购买任意一种矿泉水。

我们假设市场中有 100 万名消费者，他们都遵循以上两条行为准则。

基于以上这些假设，对 A、B 两家公司而言，什么是最为合理的行为呢？

两家公司都致力于将自身的利润最大化。因此，它们都想以尽可能高的价格出售自家的矿泉水。我们假设 A 公司率先定出每瓶 120 日元的售价。如果以这一价格将 100 万瓶矿泉水全部售出，那么获得的利润为：

$$(120 - 80) \times 100 万 = 4000 万（日元）$$

B 公司自然不会眼看着 A 公司赚取大笔利润而毫无作为。B 公司会把产品价格定得略低于 A 公司，比如以每瓶 118 日元的价格出售。那么此时，消费者会遵循第 1 条行为准则，全都转向购买 B 公司的矿泉水，A 公司的产品全部滞销（见图 8-2）。

A 公司看到市场的这一变化，必然会把价格降到每瓶 115 日元，把顾客抢回来。

如此这般，两家公司之间就展开了价格大战。双方竞相降价，直到价格降到每瓶 80 日元，双方都无法进一步降价时，这场价格战才会平息。在均衡状态下，两家公司各自占据 50% 的市场份额。此时，A、B 两家公司获得的生产者剩余（利润）均为 0 日元。

当然，若此时 A 公司继续降价，以每瓶 79 日元的价格出售矿泉水，可以占据全部的市场份额，但此举会导致亏损，亏损金额为：

$$(79 - 80) \times 100 万 = -100 万（日元）$$

与陷入亏损相比，以每瓶 80 日元这一等同于成

图 8-2　同质产品之间即使只有 1 日元的差价，消费者也会购买更便宜的一方

本的售价维持经营，虽然利润为零，但是更为理智的选择。

由此可见，同质产品的价格竞争达到均衡状态时，双方企业经过激烈的价格战，已将价格降到一个双方都无法获利的极低水平。

> **要点 40** 当同质产品的市场上发生价格竞争时，价格会降到使企业利润为零的极低水平。

利润为零也并非一无可取

每当我在课堂上讲到此处，同学们总是露出难以置信的表情。大家心中一定在想：利润为零，那企业岂不是要倒闭了？

大家的疑问很有道理，但需要注意的是，此时的利润实际上是指经济利润[一]。

[一] 经济利润等于总收入减去显性成本和隐性成本，按照这种利润概念，隐性成本、劳动力成本和机器成本一样，都需要从收入中扣除。（参考《微观经济学（第三版）》，达龙·阿西莫格鲁等著，中信出版集团，2024-10）。——译者注

每瓶矿泉水平均成本的 80 日元中，既包含了水、塑料等原材料的成本，也包括宣传广告的费用、员工的薪金报酬等各种费用。该企业支付了所有的原材料费用，全额支付了该企业员工的工资后，剩下的钱就是利润。因此，即便利润为零，也不会损害任何人的利益。

我们来换个思路考虑这个问题，假设我们手中有一个魔法袋，把各种各样的东西放进魔法袋，都能从袋中取出等值的现金（见图 8-3）。

如果大家拥有这样一个魔法袋，把旧橡皮、半包薯片、那些买了却一直没读的书放进去，就能从

图 8-3 能把物品变成等值现金的魔法袋

中取出与这些物品等值的现金。如果把闲暇时间放进去，就能拿到相应时间的打工报酬。如果真有这样一个魔法袋，岂不是太棒了？

利润为零的企业，实际上就像一个这样的魔法袋。以某家利润为零的车企为例，它可以将钢铁、重油、劳动力等造车所需的原材料转化为等值的货币。尽管这些资源本身具有经济价值，但它们不能直接发挥效用。而正是因为这家车企的存在，这些资源得以转化为等值的货币。这说明，虽然企业的利润为零，但其在资源配置和价值转换中的作用依然不可小觑。

生产能力不同的企业之间的价格竞争

刚才似乎有些跑题，下面我们回到分析价格竞争的正题上来。现在我们假设 A、B 两家公司的生产能力不同。如图 8-4 所示，生产 1 瓶矿泉水，A 公司的平均成本为 80 日元，而 B 公司为 90 日元。

在这种情况下，双方的价格竞争最终会终结在哪个价格水平呢？

答案是 89 日元。当 A 公司将售价降至每瓶 89 日元时，就可以将竞争对手 B 公司从市场中驱离。此时全体消费者都从 A 公司购买矿泉水，A 公司获得的利润为：

（89 − 80）× 100 万 = 900 万（日元）

此时 B 公司退出市场，而且只有当 B 公司能以更低廉的成本制造出矿泉水时，它才会重返市场。

从上面的例子中我们了解到，当各家企业的生

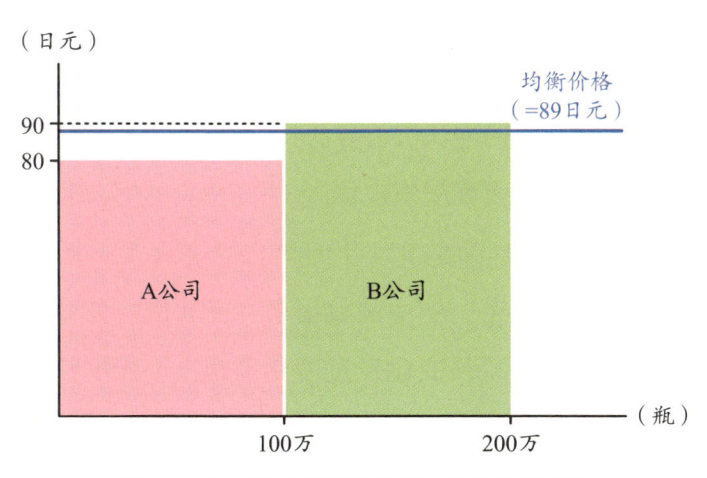

图 8-4　生产能力不同的公司之间的价格竞争

产能力不同时，价格竞争的结果就分外残酷，价格战会一直打到某一方破产。市场上无形战争的惨烈程度堪比核战争。

> **要点 41** 当生产能力不同的企业在同质产品市场上展开价格竞争时，产品的价格最终会降到使生产能力较弱的企业出现亏损的水平。

牛肉饭的三国风云

本节将为大家介绍一个真实的价格竞争案例，它发生在互联网泡沫破裂后的日本餐饮市场。图 8-5 展示了日本三大牛肉饭连锁店（Y 公司、M 公司、S 公司）在 1999 年到 2014 年间销售的牛肉饭（中份）的价格变化趋势。图中的数据来自互联网的公开资料，因此某些价格变化经过简化处理，可能不完全精确。接下来的内容主要是通过举例，说明各企业的价格策略调整，对细节部分不必过于纠结。

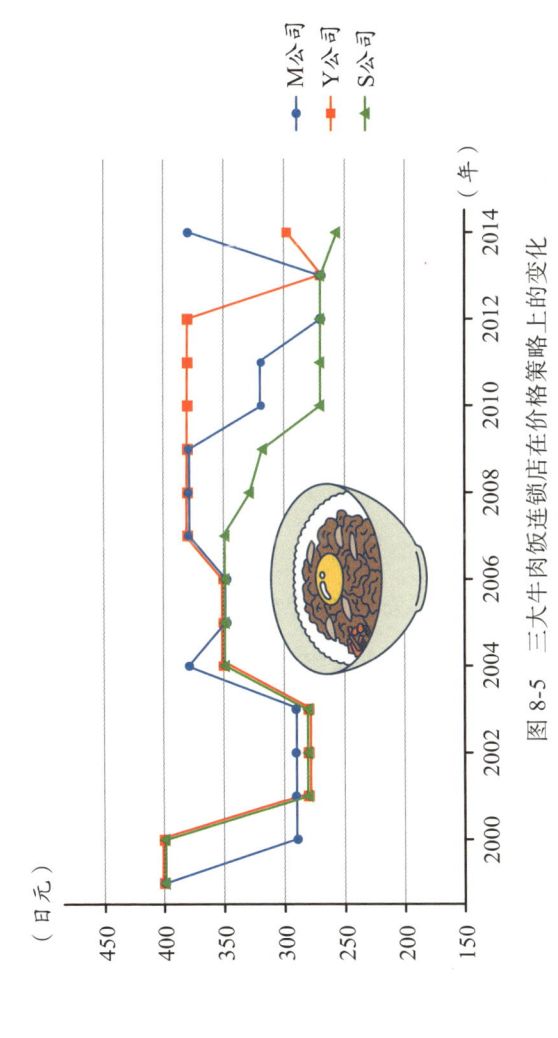

图 8-5 三大牛肉饭连锁店在价格策略上的变化

从图中可以看出，在互联网泡沫破裂前，三家公司牛肉饭（中份）的售价均维持在 400 日元左右。随着互联网泡沫的破裂，牛肉饭的售价在 2001 年跌破了 300 日元。由此我们也能看到当时的经济状况给快餐业带来的巨大冲击。在此之后，随着全球经济复苏，日本经济也逐渐恢复，牛肉饭的价格也慢慢上涨。M 公司在 2000 年率先降价，又在 2004 年信心十足地一举将价格提到 380 日元的高位，可是随即又慌忙调整了价格，降到 350 日元这一和其他两家相同的价格水平。纵观 M 公司这一连串的价格调整，让人忍俊不禁。

此后，几家公司的价格策略变化愈加精彩。Y 公司是牛肉饭领域的老字号，逐渐将价格上涨到 400 日元的水平，而资历最浅的 S 公司则大打价格战，将售价猛降到 270 日元。M 公司最初追随 Y 公司的定价策略，可是终究无力抵挡 S 公司的低价攻势，在次贷危机发生的次年，即 2009 年开始降价。而孤高自许的 Y 公司，最终也于 2013 转向低价销售的策略。

S公司能够维持如此极端低价的秘诀究竟是什么？原来，该公司通过大幅压缩人力成本实现了这一目标。S公司将每间店铺的员工数量精简到极致，最后甚至采用了"一名店员全负责"的模式，即店铺中接待顾客、制作餐食、打扫卫生等各项工作均由一名临时工店员全部承担。S公司通过此举将平均成本降至最低，由此也给牛肉饭定出了竞争对手无法企及的低廉价格。

　　图8-6显示了这三家公司营业利润的变化。从图中我们可以看出，售价最低的S公司利润最高，而售价较高的Y公司利润却最低，甚至还有短暂的亏损时期。S公司的低价策略将其他两家公司的利润逼到了接近于零的水平。

　　2012年，日本自民党重新夺回政权，与此同时，日本经济也呈现复苏的态势。此时，Y公司再次尝试提高价格，S公司却进一步降低价格。随后，在2015年，S公司超高强度的工作压力引发社会的广泛关注，S公司的员工纷纷辞职，最终导致S公司大量关店。

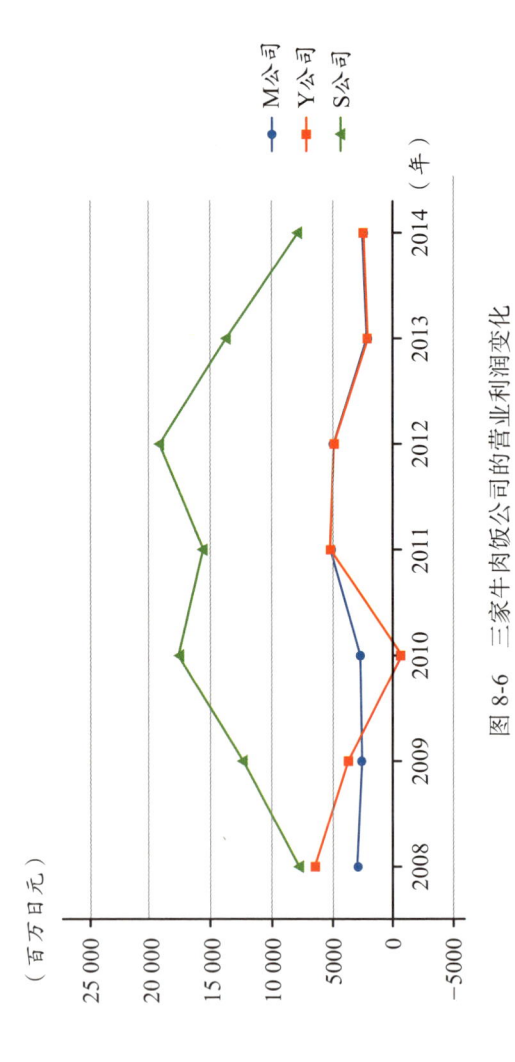

图 8-6 三家牛肉饭公司的营业利润变化

品牌的巨大影响力

价格竞争如此激烈，主要是因为这些产品高度同质化。只要各家公司的产品质量相差无几，消费者往往只会通过价格来决定购买哪家的产品。特别是在网络购物高度普及的今天，消费者对价格的敏感度越来越高。在这种背景下，各家公司常常陷入两败俱伤的价格战，既伤害了竞争对手，也损害了自身的利润。

企业也想从这种残酷的价格竞争中抽身。为了达到这个目的，树立品牌价值是一个有效的手段。各家企业提供独具特色的产品，每家企业都有固定的顾客群体，如果能达到这一状态，哪怕产品售价不是市场最低，该企业也能确保一定数量的顾客。

如果一个市场中有较少数量的生产企业，每家企业都确立了独具特色的品牌，那么该市场可以称为**差异产品的寡头垄断市场**。现实社会中的大部分市场都可看作差异产品的寡头垄断市场。

与差异产品的寡头垄断市场相比，若有更多的企业参与市场，各自提供独具特色的产品并展开激烈竞争，这种市场被称为**垄断竞争市场**。如游戏软件市场、漫画市场等内容产业的市场就是典型的垄断竞争市场。

在这些市场中，各家企业赚取的利润往往与品牌影响力成正比，它们在激烈的竞争中脱颖而出，在市场上获得一席之地。

店面选址的竞争

企业想要展现不可替代性，确立品牌并不是唯一的手段。选择在哪里开店，即店面选址也是一个重要的战略。酒香也怕巷子深，有些拉面店味道一流，却因为远离热闹的街区而门可罗雀；有些店味道平平无奇，却因为地理位置好就顾客盈门。现实生活中这样的例子随处可见。

下面我们以 A、B 两家拉面店为例，探讨与选址竞争相关的模型。为了便于分析，我们假设两家店提供的拉面品质完全相同。这两家拉面店都准备在一条长 1000 米、东西走向的街道上开店。这条街道上每隔 1 米住着一个消费者，一共有 1000 名消费者。这些消费者在选择去哪家拉面店时，遵循以下的行为准则：

> **准则 1：** 所有的消费者都去离自己更近的那家店。
>
> **准则 2：** 如果与两家店的距离相等，消费者随机选择去其中一家店，此时两家店被顾客选择的概率均为 50%。

我们可以把这个例子理解为同质产品价格竞争的选址竞争版本。（见图 8-7。）

在上述消费者行为准则下，A、B 两家拉面店在哪个位置开店最为有利呢？

也许大家最初的念头是，两家店分别开在街道的东、西两端，正好平分 1000 名顾客。可是这一局面对双方而言，真的是最优选择吗？

举例来说，A 店一直在街道的最东端开店，可

图 8-7 消费者的决策

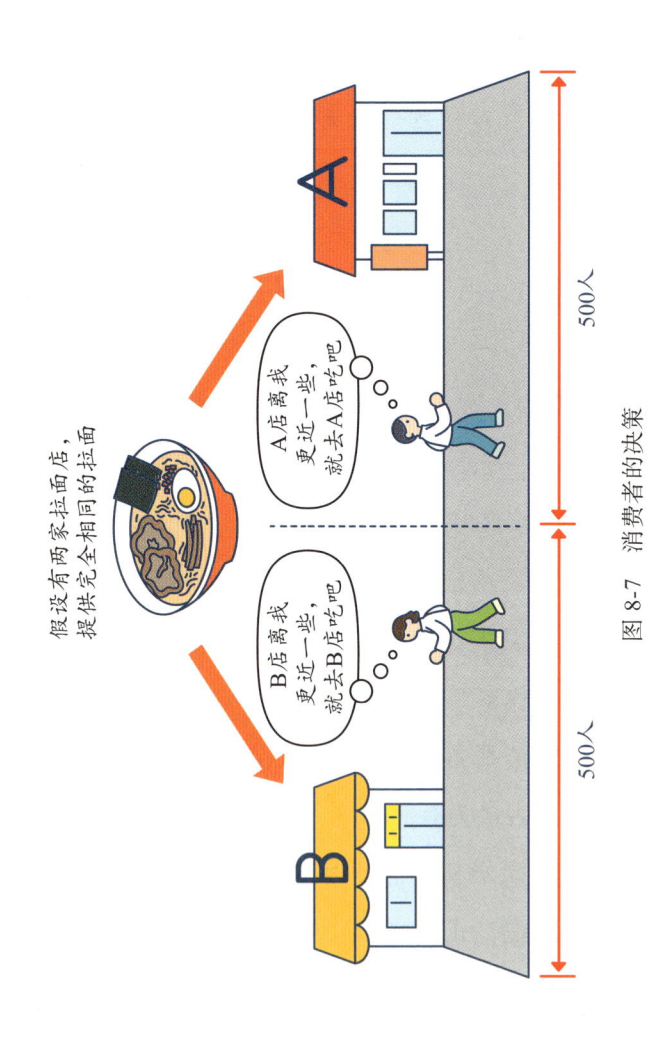

是 B 店向东挪了 500 米，搬到了街道正中间的位置。此时，居住在 B 店以西的 500 名消费者都会选择 B 店，而住在 A、B 两家店中间位置以西 250 米之内的客人也去了 B 店（见图 8-8）。此时 B 店有 750 名顾客，而 A 店只有 250 名。

这样一来，A 店也只能搬家了。搬到哪里呢？自然是街道中间，距离两端各 500 米，也就是和 B 相同的位置。此时，A、B 两家店比邻而居，继续平分 1000 名顾客。虽说兜兜转转又回到了最初的状态，但如果搬到别的地方，顾客就会流失。因此两家店会并排开在地理位置最好的地方。由于两家店在地理位置上没能决出高下，接下来，双方要么在拉面的味道上一决胜负，要么干脆来一场同归于尽的价格战。

上面我们介绍的这个例子，被称作**霍特林的空间竞争模型**（Hotelling's law），这个模型是以经济学家霍特林的名字命名的。通过使用这一模型，我们就能解释为什么车站附近有商店林立的商业区，而在这个商业区里的某一处又聚集了众多居酒屋。如

图 8-8　A 与 B 的店面选址

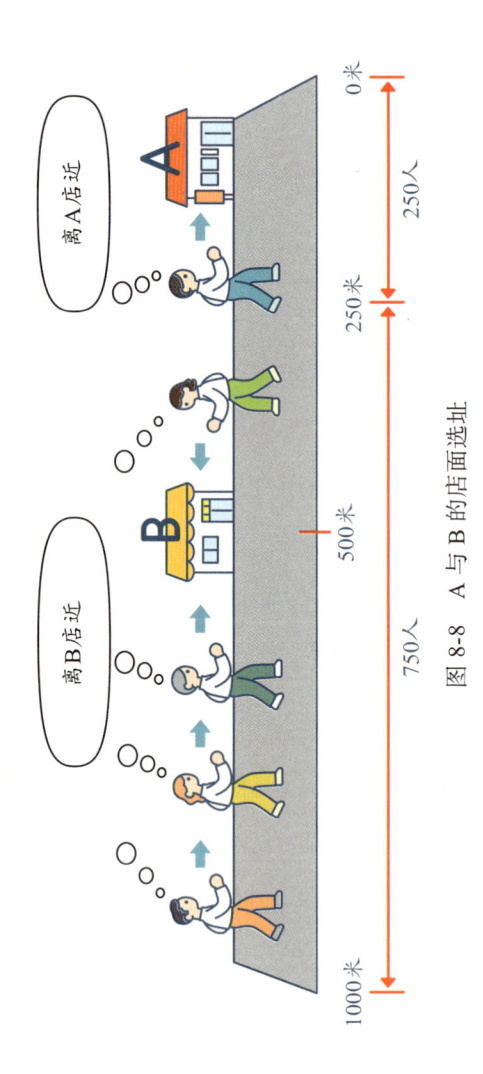

果把思路再拓宽一些,我们也可以用这个模型解释为什么分属保守派和改革派两个阵营的两名候选人,提出的选举纲领中有很多相同之处。

在上述这些例子里,只要没有特别的附加条件,各家企业都会选择在同一个地点开店,两位不同阵营的政治家也会提出相同的政治主张。

当人们终于有了实现差异化的手段,有望从你死我活的价格战中脱身时,又主动回到了同质产品竞争的局面,这真是个充满矛盾又引人深思的结论。

要点 42 **根据霍特林的空间竞争模型,在没有附加条件的情况下,所有企业都会选择在同一个地点开店。**

第9章

为什么企业会说谎

伪造工程结构造价的案件

2005年10月,某建筑公司在施工过程中发现了一个异常情况——正在修建的这座公寓使用的钢筋明显少于同类公寓。该公司感到事情不对劲,于是委托另一家公司进行检查。检查结果令人震惊——该公寓的工程结构造价资料存在伪造。虽然工程造价单上标明的钢筋用量符合法定标准,但实际下达给施工企业的用料要求中,钢筋数量被大幅削减。简而言之,参与该公寓工程的某一方涉嫌贪污部分建造费用。更严重的是,减少钢筋的使用量将导致该建筑无法达到日本政府规定的抗震标准。

这起震惊社会的"伪造工程结构造价的案件"就这样浮出水面。经调查,伪造结构造价的是一名建筑师,他参与建造的多座建筑都存在类似的伪造。此案迅速引起了广泛关注,掀起了轩然大波。日本国会连续数日召集相关人员进行质询,各大电视台也纷纷报道了有关抗震强度造假的事件,掀起了社会舆论的高潮。

弄虚作假和隐瞒信息屡禁不绝

令人遗憾的是，上述这种造假的例子比比皆是。

2022年，日本媒体报道了"蛤蜊产地造假事件"。熊本县的水产公司将国外进口的蛤蜊伪装成日本本土的蛤蜊进行销售。2000年，日本发生了"雪印乳业群体性食物中毒事件"。雪印乳业公司在知情的情况下任由混入了金黄色葡萄球菌的乳产品上市销售，导致15 000人食物中毒。"群马大学医院腹腔镜手术医疗事故"发生在2010年至2014年间。5年内，接受过同一名医生主刀的腹腔镜手术治疗的患者中有8名在术后死亡。上述这些案件都源于产品和服务提供方故意隐瞒信息，这类情况并不罕见，全球范围内时常发生。

1970年，美国福特汽车公司推出了"福特平托车"（pinto）（见图9-1），这款车有设计缺陷，被后车追尾时容易引发油箱爆裂，甚至是爆炸。福特公司对该车的缺陷心知肚明，却置之不理，任由隐患存在。这样做的理由竟然是该公司经过计算发现，发生事故后支付的赔偿金的总额低于召回车辆或在车辆上安装防震的保护装置的成本。

　　不出所料，在福特平托车上市的第 3 年，就发生了惨烈的交通事故。事故发生后，平托车的原设计师做证，证实福特公司明知该车型的安全隐患，却未采取任何措施。最终，福特公司被判处支付巨额罚款，金额远超召回车辆的成本。

图 9-1　福特汽车公司的平托车（复制车辆）
资料来源：Morven（2004 年，美国加利福尼亚州）。

信息的不对称性

企业常常在人命关天的问题上撒谎。为什么会出现这种情况？因为企业的经营目标并非单纯的满足顾客需求或创造更美好的社会，而是力求自身的利益最大化。即便企业中的员工大多是善良的人，但作为一个超越个人的整体，企业有其独立的行为逻辑。特别是像雪印乳业、福特汽车这样的庞大企业，其行为往往超出了个人的控制，受制于更复杂的利益驱动和结构性因素。

此外，我们还应关注助长企业不诚信行为的社会环境。不知大家是否注意到，上面的几个例子有一个共同点。

面对已经盖好的公寓，普通消费者很难了解里面是否使用了足量的钢筋，除了相信施工方的言辞别无选择。

超市里销售的蔬菜和水产品，只有专业人士才能分辨出其真实的产地。普通消费者难以辨别是否有伪造产地的行为。

装在保鲜纸盒里的牛奶是否安全,手术的主刀医生是否有足够的经验,驾驶的汽车是否有质量问题,对于普通消费者而言,这些问题都无法事先得知。

然而,企业作为提供产品和服务的一方,对自家产品的质量有清楚的认识。以雪印乳业公司引发的食物中毒案件为例,涉事的工厂厂长明知牛奶中金黄色葡萄球菌大量繁殖,但是为了避免因废弃牛奶而产生的经济损失,还是将混有毒素的牛奶送入市场进行销售。

卖方提供产品和服务,了解产品质量相关的信息,买方却未能掌握相关信息,经济学将这一状态称为"**信息的不对称性**",或"信息不对称"。当信息不对称时,企业出于自身利益至上的原则,就很可能对消费者做出不诚信的行为。

> **要点 43** 当卖方独占产品的质量等相关信息时产生信息的不对称性,这成为促使卖方在产品质量方面进行隐瞒的一个诱因。

柠檬市场

企业的弄虚作假一旦被公之于众，相关市场也会遭受毁灭性的打击。在日本，公寓的结构造价造假案件发生之后，新建的公寓一时之间无人问津。雪印乳业公司在引发了群体性食物中毒事件后，迅速走向衰落。

下面我们从理论的角度来分析信息的不对称性会给市场带来何种影响。我们使用的理论是由经济学家乔治·阿克洛夫提出的**柠檬市场**理论。

这里所说的柠檬，并不是带有酸味的黄色柑橘类水果，而是一个美国俚语，意指次品二手车。在二手车市场中，买方和卖方之间存在着信息的不对称性。看上去崭新的车辆，也许是一辆事故车。而买家只有在买下并行驶了数百公里后才会发现这是一辆次品二手车（柠檬车，见图9-2）。与柠檬车相对，质量过硬、买到即赚到的二手车在美国俚语中据说叫桃子车。

我们假设分析对象为具有以下特征的二手车市场：

市场中由"好卖家"和"坏卖家"两种卖家构成。

好卖家手头有一辆价值 100 万日元的二手车。

坏卖家手头有一辆价值 10 万日元二手车。

二手车的买家知道市场中存在好、坏两种卖家，但无法分辨卖家的好坏。

以上就是市场模型的设定。

那么此市场中最终成交的价格是多少？

此市场上流通的会是优质车还是事故车？

图 9-2　买方无法辨别商品的品质

要点 44 存在信息不对称的二手车市场被称为"柠檬市场",柠檬市场中买方无力辨别车辆品质的好坏。

买卖双方的心理战

为了解答上述问题,我们可以先模拟一下买方的心理活动。假设我们带着 100 万日元,走进二手车市场挑选车辆。这时,一名车商兴奋地走上前,搓着手向我们介绍某辆车的种种优点,并称这辆车非常出色,仅售 100 万日元。那么,各位读者会怎么选择呢?会决定用 100 万日元购买这辆车吗?

我猜大家的心理活动大概是这样的:"这辆车如果真像车商说得么好,花 100 万日元买下倒也不亏。可是万一是事故车呢?考虑到这种可能性,100 万日元这个价格就难以接受了……"

基于这一想法,大家顺理成章地开始还价。考虑到存在遇到不诚信销售商的风险,100 万日元的报价不可接受,于是我们表示 50 万日元还是可以考虑的。

现在，我们从卖方的角度来看二手车市场的情况。假设我们是销售好车的诚信车商，面对顾客提出的50万日元的还价，我们会接受吗？此时，诚信车商可能会心生不满："我已经认真地介绍了车辆的优点，可眼前的顾客显然不懂行，居然试图仅用50万日元就买下这辆值100万日元的车！"

于是诚信车商瞬间敛去笑容，态度冷淡地请这位还价的顾客去光顾别家，心中暗暗希望下一个顾客是识货的人。

下面请试着扮演黑心车商，请大家尽量表现出一副奸猾的样子，搓手的动作也可以更频繁一些。

当黑心车商听到顾客还价到50万日元时，不禁大喜过望，心想："哈哈，这个傻瓜上当了！花50万日元买一堆最多值10万日元的废铜烂铁！"黑心车商强忍着内心的喜悦接受了还价，手脚麻利地准备把事故车以50万日元的价格卖给顾客（见图9-3）。

且慢，此时买卖双方的心理战并未落下帷幕，请大家再次回到买方的立场。此时买方一定会想：

图9-3 柠檬市场上的黑心车商

"奇怪，对方居然同意以一半的价格，50万日元出售，这辆车恐怕是事故车。如果真是一辆值100万日元的好车，怎会50万日元就卖给我？"

于是买方慌忙拦住车商，开始新一轮的砍价。黑心车商此时也许会面露难色，但有人肯买只值10万日元的事故车，还是要尽量留住这个客户，所以也只能接受砍价。

经过几番讨价还价，二手车最终以10万日元成交。对于买方来说，用10万日元买到一辆至少值10万日元的车，勉强可以接受。而对于黑心车商来说，将一辆难以处理的事故车换成现金，也是一个不错的交易。在这笔交易中，如果售价高于10万日元，买方不会同意；如果售价低于10万日元，车商也难以接受。因此，10万日元成了双方达成交易的唯一价格。

由此可见，此二手车市场的成交价就是10万日元。这个价格过于低廉，导致优质车商纷纷退出，而卖出去的车均为事故车。

爱车人士看见这一幕，会觉得像噩梦一般吧。

> **要点 45** 当柠檬市场达到市场均衡时,二手车的市场价格与事故车的价值一致,优质车商退出市场,市场上事故车泛滥。

赢得竞争的是那些本该被淘汰的企业

现在大家也许了解了信息的不对称性给市场带来的毁灭性打击。

简单来说,只要消费者意识到商品有被以次充好的可能,就会基于担心上当受骗的心理而不愿按照正常价格购买。这就造成商品的价格下跌,优质卖家退出市场。如此一来,市场上充斥着质量低劣的"柠檬"商品,这种商品的质量只会狠狠打击鼓起勇气出手购买的消费者。而这又加剧了人们对商品质量的不信任,商品价格继续下滑……如此恶性循环,市场最终很可能陷入瘫痪。回想当年伪造工程结构造价的案件发生时的情形,当时日本的高层住宅市场正是笼罩在这样一种气氛中。如何重获购房者的信任,是关乎房地产商生存的重要问题。

信息不对称最终会导致劣质品充斥市场，这是个耐人寻味的现象。从第 8 章中我们了解到市场是一个战场，企业在这里展开你死我活的竞争。最终赢得竞争的企业要么拥有卓越的生产能力，能够使产品的成本低于竞争对手；要么拥有巨大的品牌影响力，受到消费者的追捧。市场是一个弱肉强食的世界，企业稍有短板就会被无情地逐出。甚至有人认为达尔文也是从竞争性市场的运转中得到了一些启发，提出了优胜劣汰、适者生存的理论。

可是柠檬市场的情况就大不相同了。

提供优质商品的好企业被迫退出市场，剩下的是那些出售劣质品的不良商家。赢得竞争的反而是那些该被淘汰的企业，这一现象被称为**逆向选择**。信息不对称会引发逆向选择。

> **要点 46** 逆向选择是指市场竞争的结果导致劣质品驱逐优质品，柠檬市场的均衡状态就是逆向选择的一个例子。

保险市场的逆向选择

保险市场是与柠檬市场齐名的一个逆向选择的典型。我们以健康保险为例,投保人缴纳保险金,一旦生病或受伤,就能得到比保费金额高出数倍的赔付。这也意味着参保意愿强的人往往是体弱多病的人,而非那些身体健康、体格强壮的人。

可是保险公司无法细致地持续观察客户的健康状况。因此,就保险市场而言,信息的不对称性体现在投保人作为购买服务的一方,掌握充分的信息,而保险公司作为提供服务的一方并不掌握相关信息。

这种情况下,保险市场以何种状态达到均衡呢?

刚才我们已经了解到,生病风险高的人购入健康保险的意愿较强。如果生病风险高的客户增多,就会提高保险公司赔付的频率。

赔付增多的情况下,保险公司若不提高保费,就面临着倒闭的风险。

可是若提高保费,会导致身体健康、生病风险较低的客户与保险公司解约。最终的结果就是生病风险较高的客户占比增加。

保险公司的业务一旦开始这种恶性循环，就只能愈演愈烈。保险公司会每年都提高保费，健康状况良好的客户纷纷解约，最后剩下的客户都是健康状况不佳的人士。保险公司所追求的理想客户是健康人群，但结果却恰恰相反，发生了逆向选择，最终留下的客户都是体弱多病的人（见图 9-4）。

> **要点 47** 保险市场的逆向选择体现在健康人群购买保险的意愿不强，购买保险的多为体弱多病的人。

信息的不对称性与逆向选择

产生逆向选择的根本原因，就在于信息的不对称性。

在柠檬市场上，如果买方能鉴别二手车的质量好坏，那么也会愿意出 100 万日元购买一辆物有所值的好车。如此一来，优质车商也不会退出市场。

图 9-4 保险市场的逆向选择

在保险市场上，如果保险公司能够了解投保客户真实的健康状况，就可以按照健康状况提供几种不同的保险合同。给身体健康的客户提供保费的优惠政策，把他们留在保险市场。

其实在柠檬市场上，**只要买卖双方均无法判断商品的质量，就不会产生逆向选择**，这是一个更为大胆的结论。此时若买方开价50万日元，卖方也许会愿意赌一赌。此时的交易就像赌博一样，只要双方对赌注达成一致，就有成交的可能。柠檬市场上出现逆向选择的根本原因在于买方害怕被卖方欺骗。若卖方也不了解商品的质量如何，买方被欺骗的可能也就不复存在了。

问题的关键就在于，买卖双方中只有一方知道商品的质量状况，而且掌握信息的一方凭借信息差让对方当冤大头。因此只要我们打破这个局面，逆向选择就不会发生了。

想到这一点，解决逆向选择问题的办法就呼之欲出了，这个办法就是消除买卖双方之间的信息不对称。

例如，在柠檬市场中，我们可以引入一家值得信赖的第三方机构,专门负责鉴定二手车的质量(见图 9-5)。这样,买方就不必单靠自己的判断,而是能够借助专业机构的权威评估来确保购买的二手车质量。

我们也可以设立二手车的保证金制度,如果买方购买车辆后发现是事故车,可以退款。这一举措可以在购买行为发生后消除信息不对称。

为了解决保险市场上的逆向选择问题,保险公

图 9-5 解决逆向选择问题的方法

司可以要求客户在签订保险合同前接受全面体检。不过健康保险和二手车相比，情况更为复杂一些。

道德风险

假设有一个身体健康的人，以低廉的保费购买了一份能提供大额赔付的健康保险。由于有了这份保障，他可能会觉得即使生病也能得到充分的赔偿，从而逐渐放松对健康的关注，不再像购买保险之前那样注重身体的保养。

在车险市场也能看到同样的现象。没有购买车险的司机，比买了车险的司机驾驶更为谨慎。因为购买了车险后司机有恃无恐，就容易忽视安全驾驶。

投保前后人们的行为会截然不同，经济学把这种现象称为**道德风险**。

现实中，保险公司为了防范道德风险，想出了很多办法。例如，对在规定期限内没有生病的投保人返还现金，或者对长期无事故、无处罚的司机给予车险保费的优惠。

> **要点 48** 投保人在投保前后的行为有较大变化,这被称为道德风险。

劳动力市场的逆向选择

要解决信息不对称问题,**信号传递**是一个更为简单有效的办法,我们以应届大学生的求职为例,看看信号传递是如何起作用的。

应届大学生就业时,他们向企业出售劳动力,企业购买劳动力,这就形成了一个市场。可是一般来说,企业很难对面前这位年轻的求职者的能力做出准确评估。这就意味着在此市场上存在信息不对称。如果对此问题置之不理,会出现什么情况呢?

企业的人事部门并不想给这些底细不明的年轻求职者开出较高的薪酬。万一花大价钱雇来的年轻人工作能力差,这会给企业带来不小的损失。因此企业给出的薪酬是偏低的。

假设前来求职的毕业生能力卓越,他会认为如此低的薪酬太屈才了,于是拒绝该企业的录用,转投外资咨询公司等薪酬更佳的企业。

如果前来求职的毕业生能力欠佳，他会认为能找到工作就十分庆幸了，便会欣然接受这份薪酬偏低的工作。

如此一来，开出低工资的企业招聘到的都是能力较差的求职者，根本招聘不到高质量人才。而这会导致企业进一步降低薪酬标准，求职者的质量随之持续下滑（见图9-6）。

> **要点 49** 当企业无法辨别求职者的真实能力时会产生人力资源的逆向选择，表现为企业招聘到的都是能力欠佳的求职者。

高等教育的信号传递作用

上文中介绍的劳动力市场状况对于优秀的年轻求职者而言是不利的，他们想尽力向企业传递出"我是优秀人才"这一信号。大学毕业的学历就是一种这样的信号。

图 9-6 劳动力市场的逆向选择

优秀的年轻人即便到了能参加工作的年龄，也不会急着找工作。他们会支付高昂的学费，花费宝贵的 4 年时间，在"大学"这个地方进行"学习"这个看上去无用的行为。这些年轻人为此付出的成本，不仅仅是 4 年间高达数百万日元的学费，还有因为选择上大学而放弃的 4 年的工资报酬。

为何这些年轻人要做这种浪费时间和金钱的事呢？因为这些年轻人知道自己具有较强的工作能力，一旦企业雇用自己，就会立刻发现这个事实，进而给自己提高薪酬。

正因为他们知道自己优秀，也有信心将来获得更高的薪酬，所以才花费 4 年时间接受看似无直接用处的高等教育。这一行为与打牌时摸到一把好牌会抬高押注金额有相似之处。

那么，工作能力较弱的年轻人会如何选择呢？即便他们支付高额学费，花 4 年时间接受了高等教育，进入企业后也会很快显示出自己真实的能力水平。因此他们很难奢望升职加薪，甚至很难将大学的学费赚回来。因此，选择高中毕业后直接工作，不仅节省了学费，还能多赚 4 年工资。从经济利益的角度来看，这似乎是更合算的选择。

上述例子说明，优秀人才通过"故意多花钱"的行为来展示自己出色的能力。在这种情况下，大学毕业证书就起到了向企业传递自己优秀的信号作用。**高等教育的信号模型理论**正是从这一角度探讨了高等教育存在的原因。

> **要点 50** 传递有效信号可以消除信息不对称。高等教育可以起到传递信号的作用。

为什么大学的学费如此高昂

如果我们认可高等教育的信号传递作用，那么会得出一个极具讽刺意味的结论——学费高昂正是高等教育的意义所在。正因为大学的学费高，高等教育才具备了传递信号的作用。从理论上说，能起到这个作用的未必非高等教育不可，换作昂贵的手工陶壶也是可以的。高等教育被委以信号传递的重任，不过是出于某些特定的历史原因而已。

欧洲的一些大学并不收取学费，但还要考虑因上大学而放弃的 4 年工资这一隐性成本（这在经济学中被称为**机会成本**）。如果大学学费全免，大学生还能从国家领取工资，此时所有人都能接受高等教育，相应地，大学毕业证的信号传递作用就微乎其微了。

附录 9A　为什么学分不出售

1 万日元能买到"A+"吗

梅雨季前，某个周五的午后，一名学生来到我的研究室请教问题。

"田中老师，我能请教一个微观经济学方面的问题吗？"

——欢迎欢迎，是什么问题呢？

"微观经济学这门课您能不能给我个'A+'的成绩？我会出钱的。"

——什么？我好像听错了，能再说一遍吗？

"我最多能拿出 1 万日元，您能给我打个最高一档的'A+'成绩吗？"

——刚才还以为听错了，你还真这么说呀。别看老师我脾气好，我也是会发火的！

"老师，我觉得您不该生气，您在微观经济学的课上不是说过'要用市场化的手段解决稀缺资源分配的问题'吗？"

——我是这么说过，有什么问题吗？

"老师，请问选您的课的学生中，有多少人能拿到'A+'？"

——根据学校的相关规定，大概是前10%的学生能拿到"A+"的成绩。

"这么说'A+'具有稀缺性啊！"

——……确实如此。

"按照您在课堂上讲的内容，不正是应该用金钱交易的方式解决'A+'这一稀缺资源的分配问题吗？"

——（原来是这样啊，确实没法儿生气。）

成绩的需求曲线

——那我们就来看看如果真的开设一个市场买

卖成绩，会引发什么问题。

"老师，其实我没兴趣了解这么多，您赶快把成绩卖给我就好。"

——且慢，请看这张图（见图9A-1），这是几年前我根据学生的调查问卷，估算出的学生们对于微观经济学"A+"成绩的需求曲线。

"咦？老师，您莫不是早就准备卖成绩？否则怎么能瞬间就拿出这么一张图来？"

——计量经济学的教科书中介绍了利用调查问卷来估算得出需求曲线的方法，我就在课堂上和大家

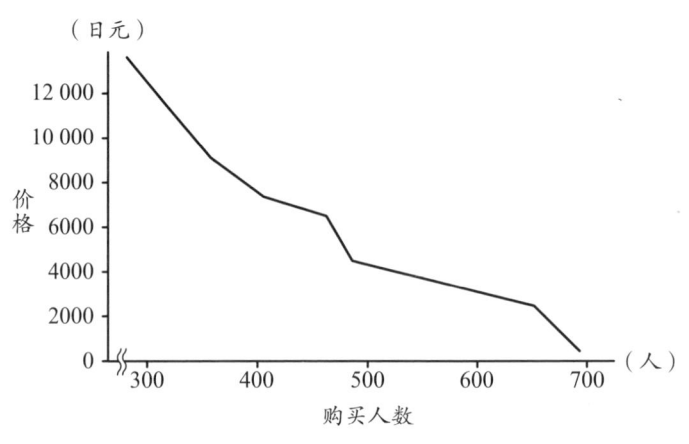

图9A-1　东京市内某私立大学的某学院中对于微观经济学课程"A+"成绩的需求曲线

一起做了这个实验。根据估算的结果，愿意以 1 万日元以上的价格购买"A+"成绩的学生超过 300 名。

"真没想到大家很舍得花钱啊。老师，这个图是怎么画出来的？"

——如果真的存在买卖成绩的市场，我们就可以用该市场的真实数据来画图。当然，这样的市场并不存在，因此我们使用**意愿调查法**。具体步骤嘛，首先，有 800 名学生选了我讲授的微观经济学这门课……

"啊？！有 800 名学生选了您讲的这门课？"

——是啊，微观经济学是咱们学院的必修课，所以每年差不多有这么多学生选我讲的这门课。总之，这 800 名同学就是调查对象，他们需要回答"如果以 ×× 日元能够买到微观经济学课程的'A+'成绩，你愿意购买吗？"问题中涉及的"×× 日元"是随机设定的，每份问卷中的金额不相同。学生只需回答"是"或"否"。我们只需统计不同金额下回答"是"和"否"的人数变化，就能画出一条需求曲线。（见图 9A-2。）

"明白了，不是真的进行买卖，而是询问购买意愿，问大家'如果能买的话，是否选择购买？'"

——没错儿,所以才叫"意愿"调查法。从本质上说,这和课上(即本书第 3 章中)讲过的关于口罩最大支付意愿的街头调查是一样的,只是这里为了方便调查对象进行回答,改成了回答"是"或"否"的方式。

成绩市场的市场均衡

——从我们估算的需求曲线来看,以 12 000 日元的价格,向 310 名学生出售 "A+" 成绩时,我的收益达到最大。通过出售 "A+",我能获得的最高收入为 12 000 × 310 = 372 万(日元)。

图 9A-2 意愿调查法的示意图

"……没想到卖成绩赚的钱也没我想象中那么多。"

——确实不算多,起码这个金额不足以抵消被学校开除的风险。一旦我向学生卖成绩牟利的事败露了,学校肯定要开除我。

"如果学校不开除您,是不是就可以向学生卖成绩了?"

——即便学校不会开除我,卖成绩这件事儿也不靠谱。假设真有这样一所大学,能够容忍教师以出售成绩牟利的行为,出售成绩也不是长久的买卖。你知道原因吗?

"为什么呢?每年都有新生入学,所以每年都能赚372万日元吧?"

——学院里其他老师也讲微观经济学这门课吧?

"我懂了,会发生牛肉饭市场那种惨烈的竞争吧?"

——确实如此,如果我能够凭借出售成绩每年赚取372万日元,其他老师也会陆续加入这个市场,而且一定会以更加低廉的价格,比如5000日元的价格来出售"A+"成绩。

"您说的对,这样一来学生们会选择要价更低的老师的课。确实没有必要花那么多钱来听您讲课。"

——你这么说,为师我很受伤啊。不过这种情况下我肯定会降价,其他老师也必定随之降价。最终结果就是"A+"成绩的价格会接近0日元。

——但事情并未结束,如果这种状况持续下去,局面会更加不可收拾。

"卖成绩的收入为零,难道还有比这更坏的情况吗?"

——自然是有的。你还记得从微观经济学的角度看,高等教育存在的理由是什么吗?

"是向企业传递信号,展示自己的优秀。"

——不错,正是如此。看来你也认真听课了,靠真才实学也能拿个"A+"吧。

"我就是懒得考试,有那个时间不如去打工。"

——呃,好吧……大学文凭能够起到传递信号的作用,表明毕业生具有出色的能力,这不过是历史性原因所导致的偶然现象。事实上,只要具备高费用和长时间投入的特点,其他事物也能够发挥类似的信号传递作用。

"高等教育之外,还有什么能起到信号传递的作用呢?"

——让我想想,资格考试应该可以,还有体育、音乐,都能起到这个作用。只要是金钱成本较高,又需要在一段时间内专心从事的,不论是什么应该都可以。

"老师,您说的对,有些学生虽说成绩差,但因为在社团活动中表现出色找到了好工作。"

——你说的虽然是实情,但我真的很不想承认啊。总之,高等教育承担信号传递作用的理由并非坚不可摧。也许是因为人们普遍相信"学习好的人工作能力强"这一相关关系,才使得高等教育承担了信号传递的作用。事实上,在校成绩不好,毕业后在社会上取得成功的大有人在,而与此相反的例子也比比皆是。所以"学习好"和"工作能力强"之间的相关性也值得斟酌……

——即便如此,只要人们还普遍相信"学习好的人工作能力强",大学就会极力维持这个信仰。哪怕形式大过内容,也会竭力打造"大学是求知的圣地""大学是探索真理的最高学府"这样的形象。因为如果不这样做，就难免被别的事物夺去信号传递这一重要的位置。

"老师，您还真是直言不讳啊，确实是这样，只要大学还具备信号传递的作用，就有源源不断的青年才俊进入大学学习。"

——正是如此，只要大学的毕业证还能在劳动力市场传递信号，大学里就会聚集起一批优秀的年轻人，而这又能维持"大学毕业生中工作能力强的人占比高"这一结论。但事实可能只是"工作能力强的人选择了上大学"。

——也正因为高等教育在社会上的存在意义并非坚不可摧，所以若是自挖墙脚就太危险了，这也是我不能卖给你"A+"的原因。

"老师，您担心大学文凭会丧失在就业市场上信号传递的作用，是不是有些杞人忧天了？"

——非也非也，事实上，在海外的一些国家，仅靠"本科毕业"这个学历，已经无法有效传递信号，如果求职者没有研究生以上的学历，恐怕很难找到心仪的工作。即便在日本，优秀的高中生放弃日本的大学，转而投向欧美大学怀抱的情况也与日俱增。虽然目前本科毕业还可以看作接受了高等教育，但"日本的大学本科文凭"的信号传递作用在日益减弱也是个不争的事实。十几年前，谁又能想到今日的这番光景？

"那咱们别声张，您把'A+'悄悄地只卖给我一个人行吗？"

——嗯，你提这个建议的时候，已经暴露了你人品有问题，你觉得我会相信你吗？

"老师，您这么说就过分了，您这是对我进行了言语的霸凌。"

——这肯定不算霸凌。你若是和别人说"田中老师把'A+'卖给我了"，那么这件事会不胫而走，若是传入企业人事人员的耳中，他们一定会变得疑神疑鬼。看着面前应聘的大学生，实在不知道这是个靠自己努力拿到"A+"的优秀学生，还是靠歪门邪道买来"A+"的冒牌货。

"啊，这岂不变成柠檬市场了？"

——是的，若是卖成绩导致了找工作的逆向选择，能找到工作的都是你这种用金钱买成绩的没有真才实学的家伙。

"老师您还真是能言善辩啊。"

——谢谢夸奖，你这么说，我都不好意思了。

"老师，我可没表扬您，听您说了这么多我头都大了。有和您在这儿闲聊的功夫，我还不如回去老老实实复习功课呢。"

——别这么说，再聊会儿，来来，我给你倒咖啡。

我还想留下学生再聊聊，他以迅雷不及掩耳之势跑了。

大学老师这个职业既要吃得苦，又需耐得烦。可是能遇到这样有趣的学生，让我觉得在大学教书也是幸事一桩。若将高等教育看作一种经济现象，它不过是"给求职者脸上贴金的机构"。可是我们并不能只凭借着经济学分析就以为能将与人有关的所有现象剖析得一清二楚，我最珍视的恰恰是大学的教育中无法用经济理论简单衡量的部分。此时此刻，我正为这些宝贵的东西全心投入，孜孜以求。

当然，来找我的那个学生最终凭借自己的能力取得了好成绩。

第10章

我们该如何救助犀牛

濒临灭绝的犀牛

大家知道犀牛这种动物吧？就是体型庞大、头上长角的哺乳动物。全球有5种犀牛，分别分布在非洲（2种）、印度（1种）及东南亚（2种）。这5种犀牛都体格庞大，具有食草性、夜行性等特点，但是它们最大的共同点就是濒临灭绝。

由于人口的增长、农业的发展，犀牛的栖息地日益缩小。此外，在传统医药中，犀牛角还是一味昂贵的药材。这些原因造成犀牛数量锐减，成为濒危动物。在犀牛生活的各个国度里，当地的人民都善待并积极保护犀牛。但是因为犀牛角在黑市上能卖出每公斤数百万日元的天价，所以偷猎犀牛的行为屡禁不绝。事实上，犀牛角的成分和人类的指甲差不多，磨成粉喝下去也没有什么特别的疗效。

20世纪中期，非洲大地上还栖息着10万头黑犀牛，现在却仅余区区2000头，数量锐减到原先的1/50。犀牛在不到百年的时间里就遭遇灭顶之灾，实在是令人愤慨。

愤怒并不能解决问题，让我们来共同思考如何运用经济学的方法救助犀牛。

众筹

我们该如何救助犀牛？首先面临的问题就是经费。现在人们常用众筹的方式筹集资金。众筹是一种通过网络平台依靠大众力量筹集资金的方式。

假设有人新研发出了一种高性能的防护围栏，我们通过众筹的方式集资，在犀牛保护区修建这种围栏。出资的人越多，防护围栏能覆盖的区域就越广。那么最终能筹集多少资金呢？

这场众筹也许会大获成功，也许会惨淡收场，究竟能够筹集多少资金，取决于人们对犀牛生存状况的关注程度。

我们假设每筹集1万日元，就有1头犀牛获救。而每当有1头犀牛获救，大众便能获得价值100日元的益处（满足感）。

如果目前已经募集到 100 万日元的资金，这意味着有 100 头犀牛获救。因此，若将听到这则新闻时众人感受的益处换算为具体的金额，可计算为：

100 头 × 100 日元 / 头 = 10 000 日元

那么，因听说犀牛获救而感受到喜悦的人们，会积极参与众筹吗？

如果有人被这则消息鼓舞，为犀牛捐款 1 万日元，便能多救助 1 头犀牛。而行此善举的人此刻获得的益处自然也有所增加，可计算为：

101 头 × 100 日元 / 头 = 10 100 日元
10 100 日元 − 10 000 日元 = 100 日元

由此可知，捐赠 1 万日元后获得的益处只增加了区区 100 日元。如果算清楚了这笔账，也许此人会打消捐赠的念头。

这一情况适用于世间众人。如果别人捐赠的金额足够高，那自己就很难有动力掏出钱来。如果听说犀牛保护组织已经筹到了一大笔钱，救助了相当数量的犀牛，那么自己从这则新闻中已经能体会到充足的满足感了（见图 10-1）。

搭便车者

从上面这个例子中我们可以看到，很多人并未出资捐助，但也从他人捐助的成果中获得了满足感，这在经济学上被称为**搭便车**行为，而这些坐享

图 10-1 众筹与搭便车

其成的人被形象地称为**搭便车者**。电视台有时会播放展现人间真情的纪实类节目，节目里的主人公在好心人的帮助下战胜困难，走出绝境。我们在观看这些节目时，虽然自己并未给主人公贡献半分力量，但也会感到心头一片温暖，不禁慨叹一句"人间自有真情在！"，这就是典型的搭便车行为。

综上所述，众筹能募集到的资金恐怕是有限的。当然，这个结论会随着预设条件不同而有所变化。假设有一名狂热的犀牛保护者，对于此人而言，救助一头犀牛能获得的益处相当于1亿日元。基于此设定，这名犀牛保护者有可能捐赠数十万日元。对于这样的人来说，不管已经筹集到了多少救助犀牛的资金，他们都会慷慨解囊。

但是我们也要看到，这些从保护犀牛事业中获得巨大满足感的人士，可能会在众筹之初就出资捐助，甚至可能亲自设立众筹项目募集救助犀牛的资金。因此当众筹资金达到一定数目时，他们的银行账户也许早就一分钱都不剩了。

公共产品

不付出成本而坐享他人之利,这种搭便车的行为不仅发生在慈善事业中,还广泛存在于公共产品的领域。

一般来说,产品和服务都具有**竞争性**和**排他性**。竞争性是指某人消费某一物品获益,这一利益无法与他人共享。例如,小 A 正在享用的汉堡所带来的美味,只能由小 A 一人独享,即使小 B 此时经过,也无法直接体验到这个汉堡的美味。

排他性是指只有支付了商品价格的人才能消费该商品,不支付的人不能成为消费者。大家拥有的商品都是付款后得到的,只有付了钱,才能把产品带出商店,这就是排他性。

一般而言,绝大部分的产品和服务都具有竞争性和排他性,兼具这两个性质的一般产品叫作**私人产品**。

但是,像空气这一类的物品,既不具备竞争性,也不具备排他性。难以想象当小 A 呼吸的时候,小

B不能呼吸的情况。假设某家公司垄断了空气，开展相关业务，要求向该公司付费后才能呼吸。大家一定不会理会它，依然自由自在地呼吸。由此可见，空气有非竞争性和非排他性的特点。

温暖的阳光、初夏的微风、挂在蓝天上的彩虹、如火般燃烧的夕阳……它们既没有竞争性，也没有排他性。经济学上将这些具有非竞争性和非排他性特点的产品称为**公共产品**（见图10-2）。

图10-2 各种公共产品

为救助犀牛筹集到的善款也可以看作公共产品。准确地说,"能够想到因人们慷慨解囊而获救的犀牛就感到温暖的权利"是公共产品。当你默默为犀牛的幸福祈祷时,我在犀牛温柔的目光中思绪万千。哪怕没有捐出一分钱,我们也能够在听到好心人慷慨解囊救助犀牛的新闻后雀跃不已。发起众筹的人当然不会站出来指责我们说"没捐钱就没资格为此高兴"。即便他们这么说了,我们也可以毫不理会,继续沉浸在得知犀牛获救后的好心情中。

> **要点 51** 兼具竞争性和排他性的产品是私人产品,两者都不具备的是公共产品。

如何能成为"一般"产品

从上面的例子我们可以看出,公共产品具有"很难成为商业活动的对象"这一特征。因为公共产品没有竞争性,所以只要向市场供给 1 个单位数量的公共产品，这一产品瞬间就能在无数消费者之间蔓延开来。我们以掌中游戏机为例，企业可以向500万名消费者售出500万台掌中游戏机。可是只要提供1个单位数量的公共产品，市场就会饱和。

另外，公共产品没有排他性，这就意味着供应公共产品是无法收到货款的。私营企业若是没有利润必定会倒闭，所以是无法供给公共产品的。

大家都喜欢新鲜的空气、美丽的夕阳，可是这些事物无法直接变成一笔生意。如果你眺望夕阳，发出满足的叹息，此时跳出一个人来，挥着双手向你大叫："想看夕阳先付钱！"你一定不会理他，搞不好还要请他尝尝拳头的滋味。因此，如果想借着公共产品赚钱，还需要多花一番心思。

比如在山岗上建造一座雅致的酒店，提供在景观位眺望绝美落日、品味法式大餐的服务。此举能够赋予夕阳这个公共产品竞争性和排他性。

通过此类举措，把自然环境变成旅游资源，从而有望将公共产品转化为私人产品。实现这一转变后的诸般事物就能交给市场了。

> **要点 52** 企业无法直接供给具有非竞争性和非排他性的公共产品。

政府出场

那些无法转换为私人产品的公共产品，只能由政府来提供，城镇的治安就是其中的一个例子。

警察局附近区域的犯罪率较低，但警察局提供的"良好治安"这一服务并不具备竞争性和排他性。即使C滞纳税款，警察局也不能把他们家周围的区域隔离出来，让这一带的治安恶化。良好的治安属于公共产品，私营企业无法单独提供。因此，政府通过征税来支持警察局的正常运作。在政府的有效监管下，偷税漏税变得困难，从而有效遏制了搭便车行为的产生。

人们对于公共产品的名称常有一个误解，认为因为是政府运营的公共服务，所以被称为公共产品。这是把两者的逻辑顺序弄反了。正因为是公共产品，所以才由政府来提供。消防、国防、水利等众多公共服务与公共事业都可以看作是公共产品。

要点 53 公共产品无法由私营企业供给，可以由拥有征税权力的政府供给。

大学的授课是私人产品吗

某天我正在课堂上讲这部分内容时，一位坐在教室前排的学生提问说："老师，您现在讲的课是公共产品还是私人产品？"这确实是个犀利的问题。

首先，大学的授课本身没有竞争性。教室里坐着数百名听课的学生，课后学生还能观看讲课视频的回放。只要愿意，教师完全可以同时给数千人授课，因此，大学的授课并没有很强的竞争性。

其次，大学的授课也缺乏排他性，尤其是在大教室上课时，教师通常不会一一确认数百名学生的身份。如果外来人员混入小班授课的课堂，他们很可能会被发现并被保安请出去。然而，若是学生众多的大课课堂，任何人都可以轻松"蹭课"。我自己在学生时代，也曾经在去其他大学找朋友时，悄悄旁听过一些课程。

而且，现在国外许多大学都开始免费公开教师的授课视频。在免费的视频网站上检索大学的名字，就会出现许多该大学的授课视频。此时，大学的授课已彻底成为公共产品。

这里就出现一个问题，既然无法从公共产品中获利，日本大学靠什么赚钱？

其实在第9章中已经回答过这个问题了——日本大学"出售"毕业文凭。大学的授课是公共产品，但毕业证是付了学费的人才能拿到的私人产品（见图10-3）。日本大学通过"出售"本科毕业的学历来

图10-3 大学提供公共产品和私人产品

获得利润，大学课堂上的授课则是给学生提供的客户服务，类似于某种会员独享的特权。

因此，大学的授课属于公共产品，大学从未想过通过授课来赚钱。

保护犀牛的市场化办法

我们再把话题转回到本章的正题——可怜的犀牛身上。如果能顺利筹集到足以救助它们的善款当然好，如果筹不到那么多钱又该怎么办？我们是否能用市场化的办法救助犀牛？

有人提出可以向积极捐款的爱心人士赠送感谢信和纪念品。因为救助犀牛的满足感没有竞争性和排他性，但感谢信和纪念品属于私人产品。恕我直言，我似乎想不到有什么纪念品能引得人们为此竞相捐钱。其实这类纪念品大多毫无吸引力，放在家里反而占地方。

可是，纳米比亚政府为了推动犀牛保护事业，想出了一个令人大吃一惊的纪念品，他们居然拍卖合法猎杀犀牛的狩猎许可。

当局称,年老的雄性黑犀牛(见图 10-4)不仅没有繁殖能力,而且嫉妒心重,会阻挠种群中的雌性犀牛与年轻的雄性犀牛的繁殖活动。如果减少此类黑犀牛,会提高种群整体的繁殖能力,有利于种群恢复。因此纳米比亚政府发放狩猎许可,将允许猎杀的对象限定为阻挠种群繁殖的年老的雄性黑犀牛。狩猎许可以拍卖的形式出售,获得的资金全额

图 10-4 纳米比亚的黑犀牛
资料来源:Axel Tschentscher。

用于犀牛保护事业。

据悉，1头黑犀牛的狩猎许可最终拍出了4000万日元的高价，拍卖所得的收益比人们的爱心捐款高出10倍以上。除了作为猎杀对象的可怜的年老雄性黑犀牛，人类和犀牛种群均有收益，从经济学的角度看，这确实是一个好办法。

但事实上，拍卖狩猎许可一事受到了社会舆论的猛烈抨击，负责组织拍卖事宜的相关机构收到了大量言辞激烈的威胁。保护犀牛的唯一资金来源是大众点滴汇集的善款，而这样千辛万苦救助的犀牛又被偷猎者们轻易猎杀。与其这样，我倒觉得，用拍卖狩猎许可的方式筹措犀牛保护资金更加高效。可是并非所有人都能轻易接受市场化的解决办法。

市场失灵

第9章介绍过信息不对称会引发逆向选择，本章则列出了公共产品的相关问题，这些问题一般被统称为**市场失灵**。

本书曾多次提到市场是解决产品分配问题的最佳手段。由市场确定产品的价格，消费者在此价格下按照自己的意愿购买产品，企业则负责生产这些产品。此时社会剩余达到最大。

当企业垄断市场，具有支配价格的能力时，就会为了追求自身利益最大化而为所欲为，这会导致市场陷入不能正常运转的窘境。此时必须向市场引入竞争企业，恢复市场的竞争状态。如此一来，企业之间展开激烈的竞争，价格恢复到正常水平，市场也开始正常运转。

可是仅仅维持市场的竞争状态，并不能保证市场就能如愿正常运转。市场失灵就证明了这一点。

我们以柠檬市场为例，市场中有多家企业，相互间展开竞争。可是信息不对称引发逆向选择，最终导致市场上充斥着劣质品。

保险市场中也能看到类似的情况。平日里注重养生的人不会购买健康保险，健康保险只给具有不良生活习惯的高风险人群提供了保障。

大学毕业生的就业市场亦然，如果人力资源部门能够准确判断求职者的工作能力如何，广大年轻人也不用在大学里花费宝贵的时间和巨额学费。

　　以上这些例子都是因为存在信息不对称，导致市场未能实现资源的最优配置。在上述的情况中，比起任由市场低效运作，由有能力的政府出手解决效果更佳。如果政府的相关部门拥有强大的权力和充分的信息，就可以准确分辨出二手车市场上的事故车和优质车，并引导制定与车辆价值相符的价格；还可以强制投保人接受全面体检；甚至可以让完成了义务教育的年轻人参加公正严格的考核，以判断他们的真实能力。政府的这些举措可以消除信息不对称，产品的质量、人员的能力也能高下立判，并各得其所，这样就解决了逆向选择的问题。当然，想要实现这些目标，政府不仅要有高超的治理能力，还应具备极高的道德水平。

　　公共产品如果全部交由民间通过市场运作，市场本身都会消失不见。对付那些不付费却享受公共产品的搭便车者，只能由拥有强大权力的政府出面。

只有依仗政府的强制力，才有可能提供公共产品。

由此可见，当出现信息不对称时，或是在公共产品的领域，政府进行管理比以民间为主导的市场调节更加有效。看不见的手失灵需要由看得见的手来矫正，即由政府来进行宏观调控（见图10-5）。

> **要点 54** 涉及信息不对称、公共产品等领域的问题时，有时政府直接干预比运用市场化的手段更见成效。

欢迎来到宏观经济学的世界

由此可见，虽然微观经济学十分信任市场的调节作用，但不会否认政府宏观调控的作用。微观经济学绝不会认为市场能解决一切问题。

但是在微观经济学的观点中，需要政府干预的情况是非常有限的。**微观经济学认为，除非市场失灵，或是发生了贫困阶层无法获取商品等社会问题，否则政府应尽量减少对市场的干预。**

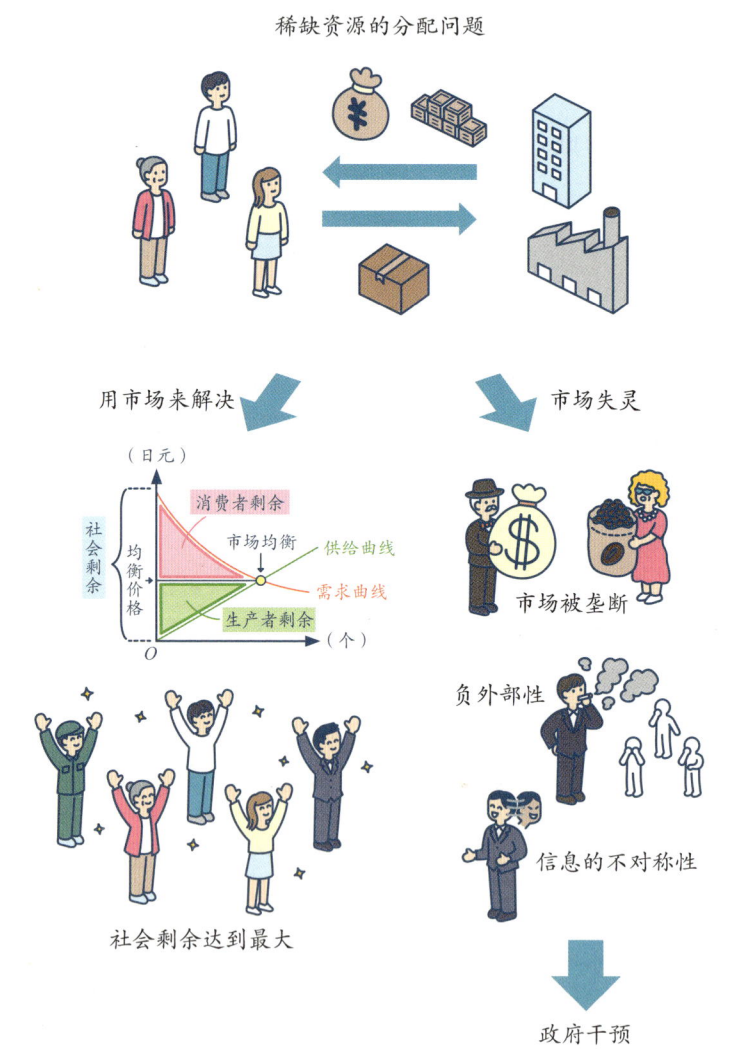

图 10-5　市场的作用与能力范围

我们还要注意到，微观经济学的分析均立足于市场的均衡状态。下面，我们以劳动力市场为例，探讨在战争、自然灾害等外部因素的冲击下，出现大量失业者时的情况。

如果我们遵照微观经济学给出的解决方式，此时政府不该有任何作为。市场上出现大量的失业者，会导致劳动者的薪金水平下降。等经济或早或晚到达新的均衡状态时，所有的劳动者都能实现就业。不用过多干预，失业问题迟早能得到解决。

可是我们并不知道何时才能到达这个新的均衡状态。政府与其在这几年间袖手旁观，倒不如积极开展公共事业，增加一些临时的工作机会，这样才是真正帮助了广大失业者。

==宏观经济学是为国家干预经济的政策服务的，为政府积极干预市场、解决各种经济问题贡献各种解决方案==。相较于理论体系较为完备的微观经济学，目前，宏观经济学中还有各种不同的理论观点，不同观点之间有时还会发生激烈的交锋。因此很难给宏观经济学下个准确的定义，至少这超出了我的能力范围。但是宏观经济学比微观经济学更加重视政府的作用,这一点是确定无疑的。

如果各位读者通过阅读本书对微观经济学的基本观点有所了解,希望大家能够踊跃迈入宏观经济学的世界,进一步拓宽自己的视野。

延伸阅读

本书的写作目的是希望读者能够感受到经济学的趣味。因此，如果希望更全面、系统地学习微观经济学的知识，仍然需要参考更加严谨的经济学教材。此外，随着阅读本书，大家可能已经察觉到我独特的个性和观点，我往往并非完全客观中立，因此本书的内容难免存在一些偏颇之处。为了弥补这些不足，我特地向各位读者推荐以下几本书，供进一步阅读和参考。

《小学二年级就能读懂的经济学》（坂井丰贵）㊀，这本书的读者对象是没有经济学背景的普通读者，语言简明易懂。书中涉及的微观经济学知识相较于本书专业程度更高，特别适合高中生阅读。

㊀ 事实上，这本书有些难度，小学生看或许比较困难。——译者注

我在备课时经常参考《微观经济学》（达龙·阿西莫格鲁，戴维·莱布森，约翰·A.李斯特）。这本书口碑极佳，是多所美国大学的指定教材。虽然美国的大学教材通常都是厚重的大部头，但细读之后会发现，书中的内容大多简明易懂，且论述清晰，非常适合学习和阅读。此外，这本书包含了丰富的实证案例，即使只是挑选其中的例子阅读，也会感到十分有趣。每章结尾还附有许多富有挑战性的习题，作者在设计这些题目时的巧思令人佩服。

《经济学入门（第3版）》（金子昭彦，若田部昌澄，田中久稔）是我参与编写的一本书，书中的内容与本书有一定的对应关系，在论述中使用了大量的图表和计算。书中不仅介绍了微观经济学的知识，对宏观经济学也有所涉及。

如果想更加深入地学习微观经济学，那么必须具备一定的数学知识。本书用长方形这个简单的方法表示企业的生产能力，现实生活中，企业的生产能力则呈现更加灵活、复杂的特点。想要准确把握企业的生产能力，就必须引入**函数**的概念。例如，汽车企业的生产要素包括水、电、钢铁、劳动力等，其生产能力可表示为：

汽车产量 = f（水、电、钢铁、劳动力……）

准确地说，是用 $y = f(x_1, x_2, \cdots, x_n)$ 这样纯粹的数学公式表示的，当然，两者表示的内容并无差异。要分析这些用函数表示的企业和消费者行为，就需要使用**微分**计算。相信不少人在高中数学学习中遇到微分内容时就放弃了数学，因此，要突破这个数学障碍并非易事。

我建议大家从头学一遍高中数学的内容。如果高中的数学课本已经找不到了，可以用《经济学中的数学：从高中数学打好基础》（尾山大辅，安田洋祐）、《经济数学入门：循序渐进》（丹野忠晋）这两本书复习一下高中数学知识。

也许有人会问，是否有不依赖数学就能学好微观经济学的方法？很遗憾，答案是否定的。所以大家还是需要静下心来，认真学习数学。如果想了解经济学中会涉及哪些数学知识，这里推荐拙作《从零开始学经济数学》（田中久稔）。我可以毫不谦虚地说，这本书的内容既有趣又富有启发性。

如果你希望在入门类书籍的基础上更进一步，深入学习微观经济学，主要有两个方向：一是基于博弈论、信息经济学等开展更高层次的理论研究；二是进行结合了统计学的微观计量经济学等实证研究。这两个领域目前都是研究的热点，有很多研究成果，也出版了不少相关的教材，可以满足读者从入门到高阶的不同需求。不过要阅读这些教材，仍然需要一定的专业知识储备，在此我不做过多的介绍。

本书即将接近尾声，希望各位读者和我一起，进行了一段妙趣横生的微观经济学之旅。撰写这本书所花费的时间远超我的预期，在此我要特别感谢 SB Creative 株式会社经管类书籍编辑部的田上理香子编辑的鼎力支持和帮助，还要感谢在本书撰写中以及在大学的各项工作中给我提出宝贵建议的友人 K 君。

田中久稔

2022 年 8 月